最短最速！

社労士受験の
神様が教える

北村庄吾

社労士試験 非常識合格法

〔増補改訂版〕

すばる舎リンケージ

まえがき　非常識に合格して成功する

私の受験指導の信念は、「活躍する社会保険労務士を育てる」ことです。

そのために、25年間受験指導に携わってきました。

私自身、何もないところからこの資格に出会い、開業し、25年間頑張ってきました。

幸運なことに、一緒に事務所を盛り上げてくれる優秀なスタッフに恵まれて、業界でもトップ10に入る事務所を作り上げることができました。

さらに、テレビや雑誌に登場することにより、マイナーな資格であった社会保険労務士の社会的な認知度を上げる活動も行ってきました。

その結果、社会保険労務士という存在に対しては、年金の専門家としての認知度はもちろん、労働問題を解決する「人事労務の専門家」のニーズもアップしてきたように思います。

今後も、社会保険労務士が取り扱う法律は頻繁に改正されていくはずです。

その中で、活躍のフィールドも格段に広がっていくことでしょう。

資格は、夢の実現へのステップにしか過ぎません。資格取得後が大切なのです。

本書は、平成11年に執筆し、ベストセラーになった拙著『社会保険労務士「最短最速」合格法』(日本実業出版社刊)に、さらなるノウハウを加えた、私の社労士受験指導の集大成とも言えるものになりました。

私は「受講生を一発で合格させたい」という思いが強く、いろいろな講座を企画してきました。

しかし、一発合格まで至る人はなかなか増えず、思い悩んだ結果、「学習法の誤りに気がついていない人が多いのではないか」と考えました。

そこで、学習法を交えたセミナー、「3時間で7点アップ」を実施したところ、大評判を呼びました。これまでに累計2万名を超える方に受講していただいています。

そのセミナーのアンケートでは、「目からうろこが落ちました」「今まで何をやってきたんだろうと思いました」等、たくさんの感想を頂き、合格後にもたくさんのお便りやメールを頂きました。

講師業で、唯一と言えるほど喜べる瞬間です。

正しい学習法をしているか。これが、合否を左右する一番大きなポイントであると確信しています。

本書では、学習法の工夫を取り入れながら、最短で合格する手法を紹介しています。

本書が皆様の合格の一助となることを心より願っております。

最後にこの場をお借りして、このような機会を与えていただいた、すばる舎リンケージ様に感謝するとともに、非常識合格法の実践の場を提供してくださる、クレアール社労士アカデミーの皆様に感謝いたします。

夢の実現は早いほうがいい。

北村庄吾

社労士試験　最短最速！　非常識合格法《目次》

第1章 社会保険労務士とは

第2章

社労士試験を理解する

第3章

誰もが間違っている勉強法を正そう

第4章

最短最速！ 非常識合格法①

第5章

最短最速！ 非常識合格法②

第6章 非常識スケジュール① 8月1日〜

装丁 —— 遠藤陽一（デザインワークショップジン）
本文図版——李佳珍

第1章

社会保険労務士とは

1

社会保険労務士になるには

合格の鉄則

社労士になるまでの道のりを最初に確認しておく

◎試験に受かっただけではダメ？　社会保険労務士とは

社会保険労務士は、昭和43年（1968年）に設けられた比較的新しい国家資格です。

社会保険労務士になるには、厚生労働省が毎年1回実施する試験に合格し、一定の実務経験を満たした上で全国社会保険労務士会の名簿に登録しなければなりません。

試験に合格しただけでは、単なる「試験合格者」なのです。

登録する際に必要とされる実務経験は、労働社会保険諸法令に関する事務、すなわち人事部門や総務部門で労働保険・社会保険関係の事務を行った経験が2年以上あることです。

実務経験の期間は試験合格の前でも後でもよいとされているため、合格後に通算して2年以上の実務経験が満たされれば登録することができます。

社会保険労務士になるには

受験資格のある者

↓

社会保険労務士試験合格

↓

登録要件

・２年以上の実務経験（試験前後不問）
・事務指定講習修了

↓

登録・入会

↓

社会保険労務士

また、実務経験がない場合は、全国社会保険労務士会連合会が行う「労働社会保険諸法令関係事務指定講習」の通信教育を受け（4ヵ月程度）、4日間のスクーリングを終了すると、2年の実務経験があるものとみなされます。

◎いままさに人気の国家資格

社会保険労務士の受験者数は、平成に入るまでは、1万人を切っていました。

しかし、平成に入って以降、徐々に社会保険労務士資格は人気が高くなりました。

今や、受験申込者は5万人程度にな

り、人気国家資格の1つになりました。

これには、「消えた年金問題」や「支給開始年齢の引き上げ案」等がマスコミに取り上げられ、年金に対する国民の関心が喚起されたことが影響しているでしょう。年金を深く知りたいという方が、社会保険労務士を目指すようになったのです。

また、最近では「老後2000万円問題」や「サービス残業」、「名ばかり管理職問題」、「過労死」、「ハラスメント」等も、マスコミで騒がれるようになりました。

「働き方改革」も含めて、労働法に関する関心も高まり、社会保険労務士という国家資格を知る方も多くなってきたということも、受験者の増加の要因でしょう。

◎独特な登録制度

社会保険労務士は、大きく分けると2つの登録方法があります。

1つは、社会保険労務士として開業する「開業社会保険労務士登録」、もう1つは、会社に勤務しながら社会保険労務士として登録する「非開業（勤務）社会保険労務士登録」です。

近年は、金融機関等、社会保険労務士としての資格を評価する企業も多くなっており、そういった方が、勤務社会保険労務士登録をします。

2

社会保険労務士の仕事とは

合格の鉄則
社労士の業務内容と、資格の強みを理解する

◎社会保険労務士の強み「独占業務」

社会保険労務士の仕事は、「社会保険労務士法」という法律によって、その内容が決められています。

これは法律で決められた仕事以外を行うことを禁止しているのではなく、法律で決められた一定の仕事に関しては、社会保険労務士以外の人がお金をもらって（業として）仕事をしてはいけませんという主旨のものです。

これを「独占業務」と言います。

独占業務の中心は、労働・社会保険関係の手続きです。

この独占業務は、社会保険労務士法の第2条の1号と2号で規定されていることから、「1号業務」「2号業務」と呼ばれています。

社会保険労務士の業務

1号・2号業務	3号業務
書類作成業務 提出代行業務	コンサルティング業務
あっせん制度などの代理権	
独占業務 （社会保険労務士しかできない）	誰でもできる
労働及び社会保険に関する法令に基づいて行政機関等に提出する申請書等を作成すること。申請書等について、その提出に関する手続を代わってすること。	事業における労務管理その他の労働に関する事項及び労働関係諸法令に基づく社会保険に関する事項について相談に応じ、又は指導すること。

これに対して、3号に規定されているのが、いわゆるコンサルティング業務というものです。この業務は社会保険労務士以外の人でも誰でもお金をもらって行うことができます。

独占業務があることが、社会保険労務士の大きな強みなのです。

◎社会保険労務士は中小企業の味方

社会保険労務士の仕事の中心となる手続き業務は主に中小企業を相手として行います。

極端な言い方をすれば、社会保険労務士は中小企業の強い味方なのです。

大きな会社になると、総務部や人事部がありま す。そこでは、社員の入社や退社に関する手続きをすることになります。

たとえば、退社を例にすると、「失業保険」

という保険制度があります。

失業保険は、正確には雇用保険から支給される「基本手当」という給付です。

これを受けるためには、ハローワークでの手続きが必要なのですが、基本手当の手続きには、会社から発行される「離職票」が必要になります。

大きな会社では総務部や人事部の人が専門に行っていますが、社員数が10名以下の会社等では、これらの手続きのやり方をわかっている人がいないケースがほとんどです。かといって、手続きがわかっている人を専門に雇い入れることも非効率的です。

そこで、中小企業ではこれらの手続きを社会保険労務士に代わりにやってもらうのです。

たとえば、社員数が10人程度の会社で、一般的に生じる手続きに関して、社会保険労務士と顧問契約を結んだ場合の料金は、月額で2万円程度です。

◎具体的な手続き

社会保険労務士は、中小企業に代わって、社会保険関係のさまざまな手続きを代行します。

このことが法律には、「労働保険・社会保険に関する法令に基づいて書類を作成して提出を代行する」と記載されています。ここでは、どのような手続きがあるのか具体的に見ていきましょう。社会保険労務士の仕事がイメージできるはずです。

社会保険・労働保険とは

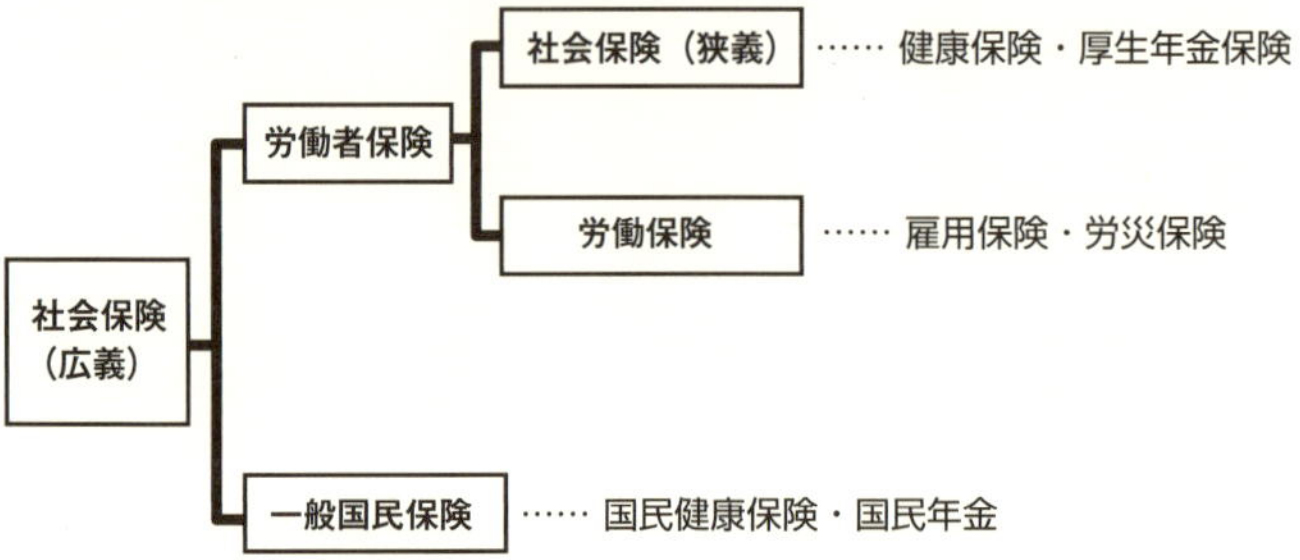

※求人募集で「社保完備」と言った時の「社会保険」は、広義の意味で使われています

① 入社に伴う手続き

社員が入社すると各種社会保険の手続きが必要になります。みなさんがお持ちの「健康保険証」に関する手続きや、失業保険（雇用保険）、厚生年金保険の加入手続きがあります。

これらの手続きに必要な書類を作成して、それぞれ所管の役所等に提出します。

入社の際に使用する書類を「資格取得届」と言います。

資格取得届の書類の下のほうに、社会保険労務士の提出代行欄があります。ここに記入して中小企業に代わって提出するのです。

手続きに関しては、それぞれ法律で期限が決まっています。

たとえば、健康保険や厚生年金の手続きは入社した日から5日以内となっています。

手続きが遅れて、保険証が手元にないときに病気になって病院に行った場合、保険が使えないため全額自費で病院代を払わなければなりません。

健康保険を使うと、病院にかかった費用の3割で済むはずのものが全額自己負担しなければならないのです。風邪で病院に行ったことがある人は多いと思いますが、全額負担するとかなり高額になります。こういったことにならないように期限が決められているのです。

社会保険労務士は、こういった労働・社会保険関係の手続きを代行して行います。

② 退職に伴う手続き

退職の際には、資格喪失の手続きを行います。

この手続きに関しても提出期限が決まっています。退社する人が失業保険を受ける場合には、離職票と離職証明書を本人に渡さなければなりません。こういった手続きを代行して行います。

◎新たに加わった「労働紛争の代理業務」

近年、会社（使用者）と社員（労働者）とのトラブルが増えてきました。特に、解雇や労働条件の引き下げなどのトラブルが増加しています。

また、長引く不況の中で、サービス残業といった、残業代の不払いも増えました。

1　総合労働相談

（1）相談件数の推移

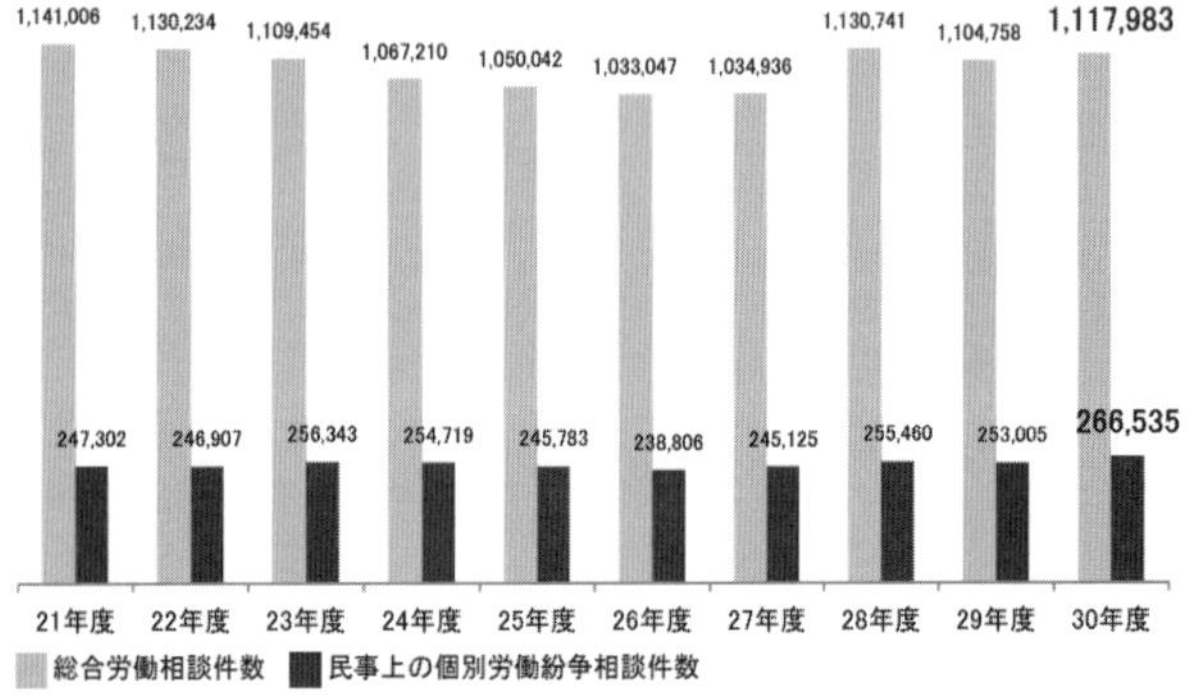

厚生労働省　平成30年度「個別労働紛争解決制度の施行状況」より

「マクドナルド事件」は、みなさんの中でも記憶にある方が多いと思います。

マクドナルドの店長が、残業代の未払いを会社相手に請求してきました。

裁判では、マクドナルドの店長であっても、残業代の支払いが必要ない管理監督者には該当しないとして、未払い残業代として５００万円近く、さらに付加金というペナルティとして２５０万円近くの金額の支払いが命じられました。

この裁判をきっかけに、多店舗展開している会社の店長さんの裁判が激増しました。

裁判になると、弁護士費用等の訴訟費用はもちろん、長期間会社と争うことになります。在職しながら争うことができればよいのですが、多くの方は退職後に争うことになります。

結果として、和解で決着するケースが多いのが現実なので、裁判に行く前に、和解の仕組みを作れば良いのでは？　という発想から生まれた制度が、「あっせん制度」です。

都道府県の労働局に、あっせん委員会が設置され、裁判外の和解の仕組みができました。

このあっせんに関して、社会保険労務士は、代理することができるようになりました。この代理権は、「特定社会保険労務士」を取得しなければできない仕組みになっていますが、社会保険労務士の業界では、弁護士に一歩近づいたという位置づけになっています。

※特定社会保険労務士とは、社会保険労務士名簿に、紛争解決手続代理業務試験に合格した旨の付記を受けた者のことをいいます。労使間における労働関係の紛争が増え続ける中、裁判外の迅速な解決を目的として２００７年から社会保険労務士に対して新たに付与された制度です。

また、平成20年から、社会保険労務士は、事業における労務管理その他の労働に関する事項及び労働社会保険諸法令に基づく社会保険に関する事項について、裁判所において、補佐人として、弁護士である訴訟代理人とともに出頭し、陳述することもできます。

3 社会保険労務士の魅力とは

合格の鉄則 社労士になるとどんな「いいこと」があるのかを知ろう

◎「自己防衛」にも最適

私は、社会保険労務士試験の受験指導校で、25年近く受験指導に関わってきました。

近年、社会保険労務士を目指す方の動機の中で多いのが、「自分を守る知識を得たい」というものです。

「連日残業続きで、月の残業時間が70時間近くなっているのに、40時間分しか残業代が支払われていません」

「有給休暇を取得しようと上司に申請したら、新人には有給休暇はないと言われました」

「上司のセクハラがひどくて、体調も崩してしまい会社を辞めました」

「45歳を過ぎ、自分の老後が心配になってきた時に『老後2000万円問題』と騒がれています」

これらのような素朴な疑問や、会社で働くとはどういうことか、年金や医療保険の仕組みはどうなっているのかなどという自身の問題から次第に関心が深まり、受験を決意される方が増えています。

社会保険労務士の資格は、会社で働く上での最低限のルールを定めた「労働基準法」をはじめとして、年金や医療保険といった社会保障制度等、私達が働く上で直接関係が深い法律を取り扱います。

自己防衛や自助努力といった言葉に象徴されるように、先行き不透明な時代において、「自分の身を守る」という意味でも社会保険労務士が取り扱う法律の知識は役に立ちます。

◎独立開業に向いている資格！

社会保険労務士は、独立しやすい資格の1つだと言われています。

それは、税理士と同じように顧問先から月額顧問料という形で顧問料をいただき、安定した収入を得る仕事の形態ができるからです。

たとえば、10名以下の中小企業の顧問料は、月額にして2万円から3万円です。

また、7月には2つの大きな申告手続きがあります。この手続きで、5万円程度の料金になります。1社顧問先を獲得すると、年間で30万円から50万円近くになります。

20社近くの顧問先を持つと年間で600万円から1000万円の売上になる計算です。

原価は、事務所の家賃と事務の方の給与ですが、ほとんどの方が開業当初は自宅兼事務所としていますし、事務は奥様が行うといったケースが多いので、20社近く顧問先が取れると、とりあえず食べるのに困るといったことはなくなります。

◎女性も活躍できる資格！

社会保険労務士の仕事は「年金相談」や「労務管理」等多岐にわたっており、女性が活躍できる場所が多くあります。

年金相談はその中でも女性の社会保険労務士が数多く活躍されている分野の1つです。

高齢化社会の日本においては、今後ますます自助努力が必要になってきます。

その中で、公的な年金の知識を前提としたライフプランのコンサルティングは、ますます需要が増すものと思われます。

また、社会保険労務士の仕事は行政機関に提出する書類の作成や届出、社会保険料・労働保険料等の計算など、正確な事務処理能力が要求されます。

女性は、男性と比べると、一般的に事務処理能力に秀でているため、その特性を活かすことができます。

◎就職・転職に有利かつ、定年後の仕事にも最適！

社会保険労務士は、人事・総務のスペシャリストとして専門的な知識を有しています。昨今は、企業が求める人材も、ゼネラリストからスペシャリストが求められるようになってきました。

こういった意味でも、社会保険労務士は就職や転職に有利な資格の1つです。また、定年後の仕事としても最適です。

社会経験を積んだ上での独立開業は、今までのキャリアや人脈を活かせる意味でも最適ですし、この仕事には定年がないため、気力と体力が続く限り、いつまでも社会と関わりを持って生きられます。現に、高齢の方でも社会保険労務士として活躍されている方はたくさんいらっしゃいます。

第2章

社労士試験を理解する

1 社労士試験の概要①

合格の鉄則

試験に向けたスケジュールと受験資格

◎社会保険労務士試験実施日程

社会保険労務士試験は、例年次のようなスケジュールで行われています。

平成11年度から、試験の実施・運営が「全国社会保険労務士会連合会」に委託されたことに伴って、8月下旬の日曜日に試験が行われるようになりました。

3月中旬頃……全国社会保険労務士会連合会試験センターにて受験案内等の請求の受付が開始されます。

4月中旬頃……試験会場や試験日が官報で公告されます。併せて試験の詳細が社会保険労務士試験センターのサイトに掲載されます。

4月中旬頃～5月末……申込書の配布・受付が行われます。申込書は試験センターから郵送してもらうか、試験センターもしくは都道府県社会保険労務士会で入手することができます。提出は試験センターへ郵送するか、直接持っていく形の2つがあります。

8月上旬……試験センターから受験票が送付されます。

8月下旬の日曜日……試験実施日。

11月上旬……合格発表。官報や厚生労働省、試験センター、都道府県社会保険労務士会に受験番号が掲示されるほか、受験者本人に書面でも通知されます。

◎受験資格

社会保険労務士試験を受けるためには、大学、短大を卒業しているなど一定の学歴があるか、または一定の労働社会保険事務の実務経験が必要です（年齢、性別に関する制限はありません）。

社労士試験までの流れ

3月中旬頃	受験案内等の請求の受付開始
4月中旬頃	試験要領が官報で公告
4月中旬頃～5月末	申込書の配布・受付
8月上旬	受験票送付
8月下旬の日曜日	試験実施
11月上旬	合格発表

2

社労士試験の概要②

合格の鉄則

幅広い法令から、選択式と択一式の2つのパターンで出題される

◎試験範囲

試験は毎年4月中旬の時点（試験実施要領の官報公告日）に施行されている法令に基づいて出題されます。出題される科目と出題数は35ページの表のようになっています。

◎出題形式

7つの科目のうちから、選択式と択一式という形式で出題されます。

①　選択式

8問出題されます。平成11年度までは記述式でしたが、受験者の増加により選択式に変更されました。

出題科目と出題数

選択式 80 分	択一式　3時間 30 分
1問	労働基準法（7問）および労働安全衛生法（3問）
1問(徴収法は除く)	労働者災害補償保険法（7問）および徴収法（3問）
1問(徴収法は除く)	雇用保険法（7問）および徴収法（3問）
2問	労務管理その他の労働に関する一般常識（5問） および社会保険に関する一般常識（5問）
1問	健康保険法（10問）
1問	厚生年金保険法（10問）
1問	国民年金法（10問）
合計8問	合計 70 問

各科目について文章中のAからEの5ヶ所の空欄にあてはまる、適当な語句、または数字を解答用紙に記入する穴埋め式（補完式）です。

選択式の総所要時間は80分間で、1問あたりの所要目安時間は、単純計算で10分になります。選択式試験では、時間が足りないという状況にはなりません。

しかし、例年8問の中で、難解な問題が1～2問程度出題され、受験者を苦しめます。

② 択一式（3時間30分の長い戦い）

各問題にAからEまで5つの選択肢が用意されています。

その中から「正しいもの」または「誤っているもの」を1つだけ選択してマークシート用紙に解答します。

◎**出題例（平成30年　労働基準法）**

労働基準法に定める労働契約等に関する次の記述のうち、正しいものはどれか。

A　労働基準法第20条第1項の解雇予告手当は、同法第23条に定める、労働者の退職の際、その請求に応じて7日以内に支払うべき労働者の権利に属する金品にはあたらない。

B　債務不履行によって使用者が損害を被った場合、現実に生じた損害について賠償を請求する旨を労働契約の締結に当たり約定することは、労働基準法第16条により禁止されている。

C　使用者は、税金の滞納処分を受け事業廃止に至った場合には、「やむを得ない事由のために事業の継続が不可能となった場合」として、労働基準法第65条の規定によって休業する産前産後の女性労働者であっても解雇することができる。

D　労働基準法第14条第1項第2号に基づく、満60歳以上の労働者との間に締結される労働契約（期間の定めがあり、かつ、一定の事業の完了に必要な期間を定めるものではない労働契約）について、同条に定める契約期間に違反した場合、同法第13条の規定を適用し、当該労働契約の期間は3年となる。

E　労働基準法第22条第4項は、「使用者は、あらかじめ第三者と謀り、労働者の就業を妨げることを目的として、労働者の国籍、信条、社会的身分若しくは労働組合運動に関する通信」をしてはならないと定めているが、禁じられている通信の内容として掲げられている事項は、例示列挙であり、これ以外の事項でも当該労働者の就業を妨害する事項は禁止される。

平成24年の試験からは、選択肢の中に「正しいもの」または「誤っているもの」が2つあり、その組み合わせを選ぶ問題も出題されるようになりました。また、平成26年からは選択肢のうち「正しいもの」または「誤っているもの」が何個あるかの個数を問う、新しいパターンの問題も出題されています。

私が受験指導をしていた宅地建物取引主任者資格試験（宅建試験）は4つの選択肢から1つを選ぶ形式が中心ですが、5肢になるだけでも難易度が格段にアップします。

択一式の解答時間は3時間30分で、1問あたりの所要時間は単純計算で3分間になります。また、受験者の増加とともに試験問題自体が長文化してきました。したがって、かなりのスピードで解いていく知識や能力、また長時間におよぶため集中力や体力も必要になります。

◎**出題例（平成30年　健康保険法）**

次の文中の（　　）の部分を選択肢の中の最も適切な語句で埋め、完全な文章とせよ。

1　健康保険法第2条では、「健康保険制度については、これが医療保険制度の基本をなすものであることにかんがみ、高齢化の進展、（A）、社会経済情勢の変化等に対応し、その他の医療保険制度及び後期高齢者医療制度並びにこれらに密接に関連する制度と併せてその在り方に関して常に検討が加えられ、その結果に基づき、医療保険の（B）、給付の内容及び費用の負担の適正化並びに国民が受ける医療の（C）を総合的に図りつつ、実施されなければならない。」と規定している。

2　健康保険法第102条第1項では、「被保険者が出産したときは、出産の日（出産の日が出産の予定日後であるときは、出産の予定日）（D）（多胎妊娠の場合においては、98日）から出産の日（E）までの間において労務に服さなかった期間、出産手当金を支給する。」と規定している。

選択肢

①以後 42 日	②以後 56 日
③以前 42 日	④以前 56 日
⑤一元化	⑥医療技術の進歩
⑦運営の効率化	⑧健康意識の変化
⑨後 42 日	⑩後 56 日
⑪高度化	⑫持続可能な運営
⑬質の向上	⑭疾病構造の変化
⑮情報技術の進歩	⑯多様化
⑰前 42 日	⑱前 56 日
⑲民営化	⑳無駄の排除

3

社労士試験の概要③

合格の鉄則

満点を取る必要はないが、合格基準はかなりシビア

◎選択式と択一式の合格基準

社労士試験の出題形式には、選択式と択一式の2つがあることは先に説明しましたが、試験の合格基準もそれぞれに設けられています。

①　選択式

総得点が一定点数以上であることと、8問すべてについてB評定以上であること（5ヶ所の空欄のうち4ヶ所または3ヶ所の正解がB評定）が必要とされています。

ただし、難易度が非常に高い場合には、択一式同様に救済として合格基準ラインが引き下げられることがあり、1ヶ所や2ヶ所しか埋められなくても合格しています。

現に私の場合、記述式時代だったとはいえ、1問しか埋められなかったにも関わらず合格することができました（択一式は9割程度得点していました）。

② 択一式

全70問で一定の得点を取ることが必要であり、かつ各科目につき最低4問以上正解することが必要とされています。

社労士試験は相対評価のため、その年の問題の難易度によっては、救済として合格基準ラインを下げる措置が取られることもあります。

◎満点を取る必要がないことを確認しておこう

41ページの過去の合格基準点を見てみると、選択式では最高で40点満点中28点、択一式では70点満点中46点となっています。

つまり、7割程度得点できれば合格基準を満たすということになります。

これは、非常に大切なポイントになります。

満点を取る学習は、膨大な量の法律を理解し記憶しなければならないため、苦痛を伴います。

また、働きながら学習する人にとっては、およそ不可能です。

ですから、満点を取らなくても合格できるということを、まずは確認してください。

年度別合格基準点

年度	選択	救済	択一	救済	ミス問題
平成21年	25点	労基・安衛、労災、厚年	44点	なし	
平成22年	23点	健保、社一、厚年、国年	48点	なし	
平成23年	23点	労基・安衛、労災、社一、厚年、国年	46点	なし	2問ダブル解答、3問全員正解
平成24年	26点	厚年	46点	なし	1問ダブル解答
平成25年	21点	労災、雇用、健保、社一	46点	なし	
平成26年	26点	雇用、健保	45点	一般	
平成27年	21点	労一、社一、健保、厚年	45点	なし	1問ダブル解答
平成28年	23点	労一、健保	42点	一般、厚年、国年	
平成29年	24点	雇用、健保	45点	厚年	
平成30年	23点	社一、国年	45点	なし	

平成30年度……次の2つの条件を満たした者を合格とする。
①選択式試験は、総得点23点以上かつ各科目3点以上（ただし、社一、国年は2点以上）である者
②択一式試験は、総得点45点以上かつ各科目4点以上である者
※救済　：各科目ごとに設定されている合格基準点に多くの受験者が至らない場合取られる、合格基準点を引き下げる措置
ミス問題：解なし、あるいは複数の正解がありえるなど、問題として成立していない問題

さらに重要なことは、各科目ごとに基準ラインがあるということです。

1科目でも基準ラインをクリアできないと、トータルの得点が基準ラインを満たしていても、不合格になってしまいます。

これが、社会保険労務士試験の最大のポイントになります。

つまり、不得意科目を作らないことが大事なのです。

4

社労士試験は記憶の試験である

合格の鉄則

出題が多いキーワードを見てみると合格戦略がわかる

◎社労士試験の出題の4割は数字が問われている

社会保険労務士試験は難しい試験であると考える人がいます。

それは、一面としては当たっていますが、考え方自体が間違っています。

「難しい」と「忘れた」「知らなかった」は違います。多くの人は、「忘れた」ことを「難しい」と勘違いします。

社会保険労務士試験の出題の1つのパターンとして、数字を問う問題があります。

「○日以内に手続きをしなければならない」として、「○」の部分を問う、これが典型的なパターンです。

健康保険法で、任意継続被保険者という制度があります。これは本試験でも頻出項目です。

任意継続被保険者制度とは、「2ヵ月以上継続して健康保険の被保険者だった人が、退職等

◎出題例（平成22年健康保険法問9―選択肢A）

任意継続被保険者になるには、①適用事業所に使用されなくなったため、または適用除外に該当するに至ったため被保険者の資格を喪失した者であること、②喪失の日の前日まで継続して2か月以上被保険者であったこと、③被保険者の資格を喪失した日から2週間以内に保険者に申し出なければならないこと、④船員保険の被保険者または後期高齢者医療の被保険者等でない者であること、以上の要件を満たさなければならない。

◎解答

×

③について、被保険者の資格を喪失した日から「2週間以内」ではなく、「20日以内」に保険者に申し出なければならないため、誤り。

の理由で被保険者資格を喪失した場合に、資格喪失日から20日以内に保険者に申し出ることにより、最大2年間引き続きその健康保険の被保険者となれる制度」です。

これについての過去の出題例を上に示しました。見てみましょう。

さらに、選択式問題については、44ページの表のとおり、数字を問う問題が多くなっています。

◎出題頻度が高いキーワード

①　接続詞に注意

「かつ」や「または」という接続詞も出題が多いキーワードです。

例として、年次有給休暇の比例付与について見てみましょう。

年次有給休暇とは、一定期間勤続した労働者に

選択式問題40問中の「数字」を問われる問題数

年度	30年	29年	28年	27年	26年	25年	24年	23年	22年
問題	20問	16問	15問	19問	22問	20問	18問	9問	15問

対して、心身の疲労を回復し、ゆとりある生活を保障するために付与される休暇のことで、「有給」で休むことができる、すなわち取得しても賃金が減額されない休暇のことです。

パートタイム労働者など、所定労働日数が少ない労働者についても年次有給休暇は付与されます。

ただし、正社員の場合よりも少なく、比例的に付与されることになっています。

比例付与の該当者は、「週の所定労働時間が30時間未満であって、かつ、①週の所定労働日数が4日以下の者、または、②週以外の期間で所定労働日数が定められている場合は年間の所定労働日数が216日以下の者」となっています。

それを踏まえた上で、左ページの問題を見てみてください。

◎出題例（平成19年労働基準法問6―選択肢A）

使用者は、その事業場に、同時に採用され、6か月間継続勤務し、労働基準法第39条所定の要件を満たした週の所定労働時間20時間（勤務形態は1日4時間、週5日勤務）の労働者と週の所定労働時間30時間（勤務形態は1日10時間、週3日勤務）の労働者の2人の労働者がいる場合、両者には同じ日数の年次有給休暇を付与しなければならない。

◎解答

○

「比例付与の対象となる労働者」とは、「週所定労働時間数が30時間未満の者であって、かつ、週所定労働日数が4日以下の者」である。設問の労働者は、いずれもこの要件には該当しないため、両者とも同じ日数（10労働日）の年次有給休暇を付与しなければならない。

② 通算・継続

通算・継続も出題が多いキーワードです。期間における、継続と通算の違いを確認しておきましょう。

継続は文字どおり「連続した日」のことです。また、通算は「連続した日でなくてもよい」ということです。

ここでは、「傷病手当金」を例に挙げて説明します。

傷病手当金は、被保険者が業務外の疾病や負傷に見舞われた場合に、その療養のために出勤することができなくなり、給与が減額されたり、無収入になったとき等の場合に、その間の生活保障を行うことを目的として設けられた現金給付です。

被保険者が療養のために働けなくなった日か

◎出題例（平成23年健康保険法問4─選択肢Ａ）

傷病手当金は、被保険者（任意継続被保険者及び特例退職被保険者を除く）が療養のため労務に服することができなくなった日から起算して３日を経過した日から支給される。ただし、その３日に会社の公休日が含まれている場合は、その公休日を除いた所定の労働すべき日が３日を経過した日から支給される。

◎解答

×

公休日が含まれる場合であっても、労務不能の状態が３日間連続していれば待期は完成する。

ら起算して3日を経過した日から、直近の継続した12月間の各月の標準報酬月額を平均した額の30分の1に相当する額の3分の2に相当する金額が支給されます。支給期間は最大で1年6ヵ月までです。

これに関する出題例は上記です。見てみましょう。

③ 以上・超える、以下・未満、以後と後

「以上」と「超える」、「以下」と「未満」は異なる概念です。18歳以上と18歳を超えるは、違いますよね。18歳の人は、「以上」には含まれますが、「超える」となると含まれません。

年金科目では、「以後」と「後」の差を問うような問題も出題されています。

年金額の計算は、被保険者であった期間で計算されます。

この被保険者であった期間は月単位で計算しますが、障害年金と老後の年金では、若干取り扱いが異なるのです。

◎出題例（平成4年厚生年金保険法問4—選択肢B）

障害厚生年金については、障害認定日の属する（A）における被保険者であった期間は、年金額の計算の基礎としない。

老齢厚生年金の額については、受給権者がその権利を取得した（B）における被保険者であった期間は、その計算の基礎としない。

◎解答

A　月後

B　月以後

障害の場合は、「認定日」という、障害年金の支給を判断する重要な月まで年金額の計算に入れます。

これに対して、老後の年金である老齢厚生年金は、権利を取得した月は計算の基礎に入れません。このような、細部を問う出題が多いのも、社会保険労務士試験の特徴なのです。

上の出題例でも問われていますが、障害の場合は、権利を取得した「その月」までが被保険者期間としてカウントされます。

なるべく年金額を多くしてあげたいという意図も感じられますね。

④ 期間・期限

期間や期限も出題が多い項目です。いつからいつまでという期間の中でも、特に出題が多い「延滞金」を例に見てみましょう。

延滞金とは、文字どおり、保険料等を遅れて納めたような

◎**出題例（平成17年労働保険徴収法問9―選択肢Ｂ）**

延滞金は、督促状により指定する期限の翌日から労働保険料の完納又は財産差押えの日の前日までの日数により計算される。

◎**解答**

×

延滞金を計算する際に用いる日数の計算は、督促状により「指定する期限の翌日」から起算するのではなく、「納期限の翌日」から起算する。「指定期限の翌日」ではない。

場合につく「利息」で、「延滞金は納期限の翌日からその完納又は財産差し押さえの日の前日までの期間の日数に応じ、年14・6％［令和元年は年8・9％］（当該納期限の翌日から2月［社会保険の場合は3月］を経過する日までの期間については年7・3％［令和元年は年2・6％］）の割合を乗じて計算した延滞金を徴収する」と規定されています。

◎キーワードが重なれば、出題可能性が高くなる

①「数字」、②「接続詞」、③「通算・継続」、④「以上・超える」「以下・未満」「以後・後」、⑤「期間・期限」という、社会保険労務士試験で頻出するキーワードを見てきました。

これらのキーワードをつかむことの意味は非常に大きいのです。

なぜなら、キーワードが重なると、出題確率がさらに高くなるという傾向にあるためです。

ですから、これらのキーワードを、学習の初期から意識し

◎出題例（平成21年労働保険徴収法問10―選択肢D改）

労働保険徴収法第７条（有期事業の一括）の規定の要件に該当する建設の事業の規模は、請負金額（一定の場合には、所定の計算方法による）が１億８千万円未満で、かつ、概算保険料の額に相当する額が160万円未満のものである。

◎解答

○

有期事業の一括とは、小さな工事を行う場合に、１年間まとめて申告する手続きのことを言います。

この条件は、納める保険料の額が160万円未満で、かつ、建設工事では、請負金額が１億８千万円未満という条件になっています。

て押さえておくことが重要になります。

少し難しい出題例ですが、ご覧ください。

「数字」、「以下・未満」、「かつ・又は」という重要キーワードが３つも重なっています。

そういう面でも、過去にもこの分野からの出題は多くなっているのです。

有期事業の一括

概算保険料 160万円未満

かつ

（建設の事業）

請負金額 1億8000万円未満

（立木伐採の事業）

素材の見込生産量 1000立方メートル未満

第3章

誰もが間違っている勉強法を正そう

1

マーキングは時間の無駄だった？

合格の鉄則
多くの人が活用しているマーカーペンに、実力が伸びない落とし穴があった

◎何のためにマーキングや付箋を付けていますか？

25年以上も社会保険労務士試験の受験指導に関わっていると、「1回の受験で合格する人」と「10回以上受けても受からない人」がいることに気づきます。

なぜ、合格しないのか？

なぜ、1回で合格するのか？

その理由は、学習法の違いにありました。

そこで、10年ほど前に企画したのが、「3時間で7点アップ講座」です。

この講座を、社労士試験の直前期に実施しました。問題演習などを通して、学習法の間違いを直してもらうことが最大の目的の講座です。

その中で、あることに気づきました。それは、マーカーペンの使用方法です。

「マーカーペンは何本持っていますか?」

「その色分けはどのように決めていますか?」

「なぜ、マーキングするのですか?」

ある方は、8色のマーカーペンをお持ちでした。

一定のルールで塗り分けていることの説明も受けました。

主語が黄色、述語がブルー、数字がピンク、接続詞が紫……。

「これに何の意味がありますか?」

その方は、答えられませんでした。

◎マーキングの意味を理解してマーキングすること!

マーキングの最大の意味は、繰り返し学習するときに確認したい事項がチェックできるということです。

では、試験合格に重要なことは何でしょう。

まず、大切なポイントは、「**過去に、どこが、何回出題されたか**」ということです。

過去に、「どこが」「何回」出題されたかを、しっかりマーキングすることは、繰り返し学習に効果的です。

マーキングするということの一番の目的は、覚えるべき点を明確にすることです。

では、社労士試験の勉強をする際に、どのようにマーキングしていくのがいいかということを考えてみましょう。

受験生の中には、複数の色で色分けをしている方もいますが、それはあまり意味がありません。

また、出題年度を記入している人もいますが、これもあまり意味がありませんね。

さらに、選択式と択一式で出題された箇所を色分けしているケースもあります。

これは間違いではありませんが、出題される箇所は、基本的に択一式と選択式では同じです。

そのように考えていくと、キーワードと出題回数だけをマーキングすればいいのではないでしょうか?

そうすると、マーキングは必要なく、次のようなチェックで十分だという結論になります。

◎初めて学習するときは鉛筆でチェック!

初めて学習する方は、マーカーペンでいきなりマーキングするのではなく、シャープペンや鉛筆などでアンダーラインを引いていくことを心がけましょう。

初めての学習は、講義を聴くことから始まります。

その中で、講師が、「ここは大切です」「これが重要ポイントです」等指摘します。

これを最初から色付けしていくと、学習が進む段階で、テキストがいろいろな色だらけになってしまいます。

これでは、かえって学びにくくなってしまいます。

最初の段階では、重要点は鉛筆やシャープペンシルなど消せるもので、下線を引く程度にとどめておきましょう。

◎マーキングや付箋を付ける行為は、勉強ではなく作業である

マーキングは目的を明確にして行うのであれば効果的ですが、マーキング自体は「作業」です。これに時間をかけても実力は上がりません。

これがマーキングの最大の落とし穴なのです。

しかし、多くの人は、しっかり色分けしたマーキングや、付箋にコメントを書くなどといった作業に多くの時間を使います。

私は、皮肉を込めてこう言います。

「いくらよい〝塗り絵〟ができても、合格しませんよ」と。

2 テキストを読んだら実力が付くか

合格の鉄則
効果的に理解と記憶を行うために情報を集約する必要がある

◎テキストの読み込みで実力は上がるか

「テキストを何回も読み込みましたが、実力が伸びません。なぜでしょう?」

「こんなに勉強しているのに実力がアップしないということは、この試験に向いてないのでしょうか?」

テキストを中心に学習するタイプの方からはこのような相談を多く頂きます。

テキストを中心に学習することが全面的に間違っているとは言いません。

何回も読み込んでいるのに、実力がつかないのはなぜか。それは、「**読み方が悪い**」のです。

何度も同じように読んでいたのでは実力は上がりません。

◎テキストの読み込みは何のためにやるのか

さて、ここで本質的な問題を考えてみましょう。なぜ、テキストを読み込むのでしょうか。

「理解を深めるため」

「記憶を確認するため」

社会保険労務士試験の出題の中心は「法律」です。

ですから、テキストは「法律の解説書」ということになります。

法律は一定のルールを決めているものですから、当然、そのルールに対する理解が必要な場面もあります。しかし、最終的には記憶も必要になります。

理解のための読み込みなのか、記憶の確認の読み込みなのか。これを区別して意識することがテキストの読み込みには必要なのです。

多くの方は、この点をあいまいにして、なんとなくテキストを読んでいるケースが多いのです。

◎あなたはテキストタイプ？　問題集タイプ？

試験合格には、情報の集約が鍵になります。

試験に出る可能性が高いところを、効果的に理解・記憶するために、「まとめる」ということとです。

この集約をテキストでやるのか、問題集でやるのか。

自分のタイプをまず確認しましょう。

いずれにしても確認作業を行うことにはなるわけですが、テキストのほうが安心だというタイプの人もいれば、問題をひたすら解いていくことにより、知識を確認するほうが自分には合っているというタイプの人もいます。

クイズが好きな人にはこのタイプが多いようです。

学習を始めるなら、まず最初に、テキストに情報の集約を行うのか、問題集に情報の集約を行うのかを決めます。

これは、後で他方にスライドしてもOKです。

◎テキストに講義・過去問をフィードバックする

テキストタイプの人には、テキストを問題集化することを勧めています。

これは、「個数管理」というやり方です。

具体的なやり方は第4章で説明しますが、まず、テキストにある、大きな見出しと小見出しの中に、それぞれいくつのチェックポイントがあるのかを見出しの横に書き込みます。

初めての学習では、講義を聴き、過去問を解き、それをテキストにフィードバックします。

そこで、押さえるポイントを個数で整理します。

そして2回目に読む時には、まず、チェックポイントを思い出す作業を行います。思い出すことができなければ、チェックを入れるというやり方です。

大切なことは、テキストタイプなのか、問題集タイプなのかの確認です。

ご自身に合った学習法を選ぶことが、効果が上がる学習につながるのです。

3

1回の学習時間は30分が最適

合格の鉄則
1週間に1回、7時間学習するよりも、1日1時間、7日連続学習するほうが効果的

◎人間の集中力には限界がある

「休みの日だから、今日は1日7時間勉強しよう!」と意気込むタイプの人がいます。しかし、朝から勉強の体制作りをしても、なかなか気分が乗りません。

ふと気付くと、別のことを考えていたりします。

「もし、試験に落ちたらどうしよう」など。

こんな経験はありませんか?

人間の集中力は、心理学などの実験でも、30分程度が限界だと言われています。同時通訳の人の同時通訳が可能な時間は15～20分程度だそうです。

学校の授業を思い出してください。40分や45分で休憩が入りますよね。これも、集中力を考えてのことです。

◎学習と作業の違いを認識しておこう

学習とは頭を使うことです。それは、一定の苦痛を伴います。

問題を解く、理解をすることも学習です。

問題を解くことには、思い出すという「苦痛」を伴います。

これらと「作業」は根本的に違います。作業の典型が、先ほども述べたようなマーキングです。

30分間、「問題を解く」「テキストを理解する」といった学習に努めたら、残りの時間は作業に充てる。この繰り返しが最も効果が上がる学習法ということになります。

重要なポイントは、作業なのか、学習なのかを自分の中で明確に区別することです。

それができていないために、多くの人が、作業時間を学習時間と勘違いしています。

明確に自身の中で区別ができていると、リズム感を持って学習に集中できるようになります。

4

無駄なサブノートを作っていないか

合格の鉄則
ノートを作ることに夢中になっては本末転倒

◎サブノート作成は膨大な時間の無駄を伴いがち

受験生の中には、サブノートを作るタイプの方がいます。

10年以上前に出会った受験生のAさんは大変な努力家でした。いつも、教室の最前列で授業を受けていました。熱心に授業を聞いている姿に、誰もが「1回で合格するのではないか」と思っていましたが、Aさんは3回受験していずれも不合格。

「こんなに頑張っているのに合格できないのはちょっとおかしいな」と思い、具体的に聞いてみてやっと判明した、決定的な学習法の誤り。それがサブノートの作成でした。

Aさんのサブノートは、最終的には「サブ」ではなくなっていました。テキストよりもはるかに膨大な量のノートが出来上がっていて、それを中心に学習していたのです。それも、ワードやエクセルで打ち込んだ、大変な力作です。そんなに覚えなくていいだろうという細かなこ

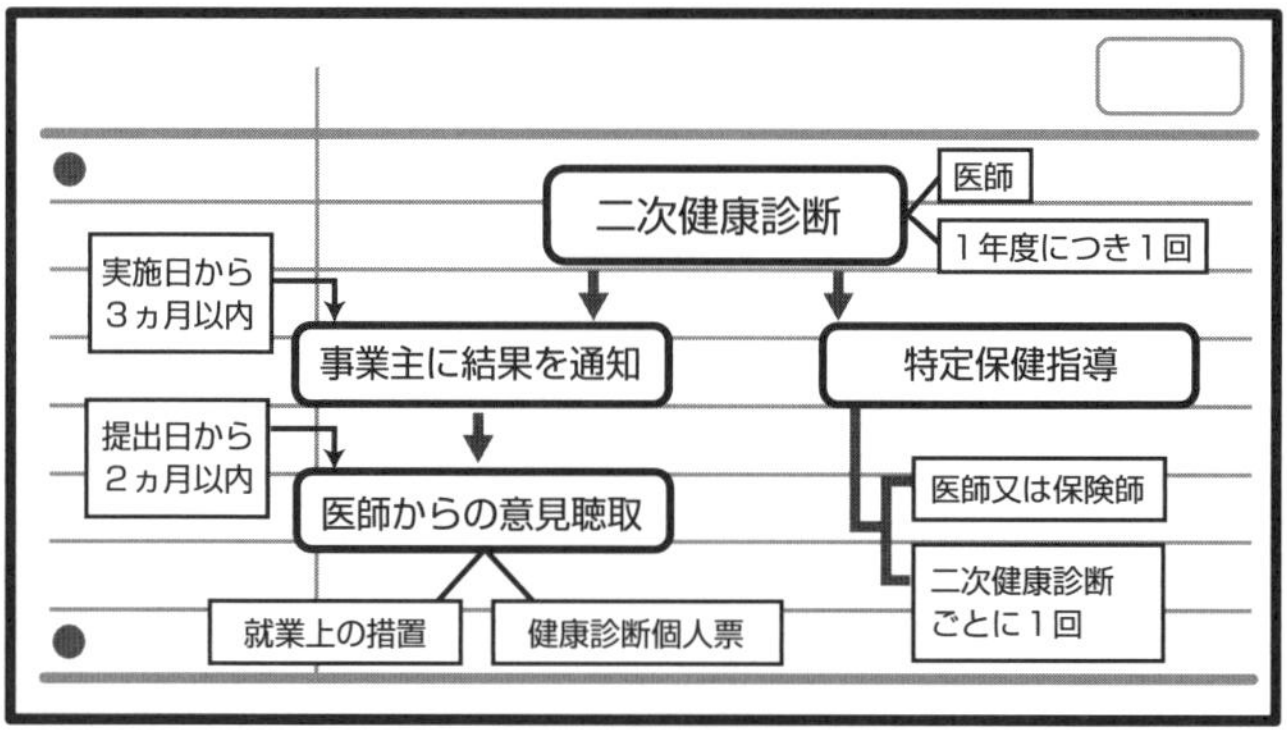

とまでビッシリ書いてあるもので、そもそも作成にかかる時間がもったいないですし、非効率きわまりない。そこにこだわるばかりに、合格を逃し続けてしまったわけです。

極端な例を紹介しましたが、多くの人がサブノートを作りたがります。しかし、「何のために作るのか」を考えないと、「試験で覚える量をいたずらに増やすだけ」ということになります。

テキストがある以上、ノートはあくまでも、比較した図表や数字のまとめ、全体像のイメージを描く等といった、サブ的な役割でとどめておくほうが効率的です。サブノート派の方は、ノートのとり方を考えてみてください。

サブノート派の方にお勧めなのが、「京大式カード」です。持ち運びも便利で、スーツの内ポケットにも入ります。上図のように全体像のイメージを書いたり、項目のまとめに使ったりするのに向いているのはもちろん、表面に問題を書き、裏面に解答を書き込めば、それで問題集が出来上がります。電車等の細切れ時間を活用するのにも効果的ですので、一度お試しください。

5

時間制限しない問題演習は無意味

合格の鉄則

思った以上に短い、本試験での解答時間に慣れておく

◎試験にはタイムリミットがあることを認識すべき

多くの人が、問題演習の方法で間違いを犯しています。

それは、時間を設定しないということです。

「過去問でもやるか」と、問題演習を始めますが、その時にしっかり時間を設定している方は何人いるでしょう。

社会保険労務士試験の択一式は3時間半で70問です。

210分で70問ですから、1問3分ということになります。

しかし、マーキングの時間があるため、1問3分で解答していると、時間オーバーになってしまいます。

すると、長くても、1問2分30秒程度で解かなければならないということになります。

社会保険労務士試験は、1問につき5つの選択肢ですから、1つの選択肢で30秒ということになりますね。

1問1答形式の問題集では、1問30秒ということになります。

時間を意識して問題を解くことは、本番を考えれば非常に重要です。

◎タイマーの活用で効果が倍増する

時間を設定する際には、本試験の設定時間の8割程度に設定するといいでしょう。

そして、これを前提として、問題演習を行うとき、タイマーで時間を設定するようにしましょう。**タイマーの効果**は次の点にあります。

① 本試験より少ない時間を設定することにより、**問題を早く読む癖がつく**
② タイマー設定をすると、**集中力が増す**
③ 早く論点をつかもうとする頭になるため、**学習方法が変わる**

このようにいいことがたくさんあります。

ここで、注意しなければならない点は、問題演習を行う際の区切りを30〜40分程度にすることです。

もうおわかりですね。集中力の限界の時間で問題演習をするのが最も効率的だからです。

◎効果的な問題演習には「?･」を使うこと

問題演習を行う際に陥りやすい、もう1つの落とし穴があります。

それは、

「なんとなく　○（正しい）」

「なんとなく　×（誤り）」

という、あいまいな解答です。

しかし、「なんとなく」ということはありえません。

確実に正しい、または、確実に誤り。これしかないのですね。

あいまいな解答をして、結果的に「当たっていた」としても、実力はつきません。

本試験以外で、よい得点を取ったとしても、本番で合格しなければ何の意味もありません。

では、どうすればいいのでしょう。

「なんとなく」で解答する時には「?･」の記号を追加するのが効果的です。

「?」は、結果的には、わからなかった、覚えていなかったという問題です。こうしておくことで、確実に理解できていないところを明確にしておくのが重要です。

◎論点＝何を聞いているのかを素早くつかむ

社会保険労務士試験の択一式では、ほぼ100%の問題が「正しいものはどれか」「誤っているものはどれか」という問題です。

つまり、正誤判断をさせる問題で100%構成されています。

とすると、正誤判断をさせる箇所があるはずです。これを早く探し出すのが、問題演習のツボになります。

「どこを聞いているのか」「何を聞いているのか」などを早く探り当てる訓練をするのです。

たとえば、「20日以内に届け出」という「20日」が正誤判断の問われている点で、「20日以内」ではなく、「5日以内」と問題に書いてあるとしたら、誤りですね。

ここまで正確に導き出せて、初めて合格に近付く知識がついたということになります。

★あいまいな問題演習を繰り返していても、合格には近付けない

6

疲れていたら寝てしまおう

合格の鉄則
コンディションを整えて、ラクに学習したほうが効果は倍増する

◎学習時間を一定にする

学習時間を一定にすることは重要です。

そして、さらに重要な点は、ベストなコンディションの時に学習をするということです。

仕事をしながら受験する方が多いのがこの試験の特徴です。多くの人は、仕事が終わって帰宅してから学習を開始します。

しかし、疲れている中での学習が効果的でしょうか？

さらに、自宅で仕事が終わってから学習する人の多くが、帰宅してすぐに学習を開始しています。

疲れた状態で、かつ、栄養も補給しないで、リラックスすることもなく学習しても、効果は半減してしまいます。

「ベスト」とまではいかなくても、「よりベター」な状態にある時間帯を選択すべきです。

もう一度、自分の学習時間帯について考えてみましょう。

◎朝方学習は効果的！

仕事で疲れて、帰る頃にはヘロヘロだという方には、学習の時間を朝方に切り替えることを勧めています。

私も、原稿作業などが多いため、朝にそれらをこなすことにしています。

朝のメリットは、次の点にあります。

① 電話などの**邪魔が入らないため集中できる**
② **疲れが取れた状態で学習できる**
③ **気分的にも爽やか**になれる

どうでしょう。

どうしても、夜に一定の時間を確保したいという方は、こう考えてはどうでしょう。

夜は主に「作業」の時間に充てる。朝は「理解」や、問題演習などの「学習」の時間に充てる。

そうすると、1日にメリハリがついて効果がアップします。

◎脳も、身体も、良好なコンディションで学習しよう

多くの人が、コンディションを考えることなく、いきなり学習を開始します。

ここで言っているコンディションとは、体力的なものではなく、脳のコンディションのことです。

脳のコンディションについては、できる限りベストな状態で学習したほうが効率的です。

そのためには、リラックスして、栄養もたっぷり摂った状態で、学習を開始することが必要です。

脳科学的にも、脳波の状態が学習効率に影響を及ぼすことは実証されています。

脳にアルファ波が出ている状態が学習にはよいとされていて、その状態に持っていくには、モーツァルトなどクラシックを聴くことがよいとされています。

また、脳の栄養素は、ブドウ糖であることも知られています。

つまり、学習を開始する前に、次のようなことをまずやるべきなのです。

①　**リラックスする……クラシック**を聴くと効果的
②　**栄養を補給する……ブドウ糖**を補給することが必要

◎週1日はお休みを

社会保険労務士試験の合格のポイントは「直前期の学習」です。8月が勝負の時期なのです。多くの人は、10月くらいから学習を開始して、翌年の8月の試験に備えます。

学習の初期は気合も入っているため、「毎日学習しよう」と思いますが、こういう方に限って、途中で息切れしてしまいます。

マラソンをイメージしてください。長いマラソンで、最も大切なことは**ペース配分**です。

そして、ラストの競技場に辿り着いたときトラック勝負になります。

ですから、学習の初期は週1日は休んで、最後のラストスパートに向けて体力を温存しておくべきなのです。

8月が勝負を決めるということを念頭に置いて、ペース配分を考えながら学習を進めてください。

★ ベストコンディションを作ることを心がけよう!

7

法律学習は「腹八分学習」で

合格の鉄則
法律の学習では、「最初から完全に理解しようとしない」ことが特に大切

◎最初から100%に仕上げようとしない

学習していると、「理解が困難な箇所でいたずらに時間を費やし、結果として、その日の学習が進まなかった」といったことになってしまう方がたくさんいらっしゃいます。

このように、最初から完全に理解することを最優先にしていくと、「つまづき」も多くなります。

「腹八分」という言葉がありますよね。学習も同じだと思います。

理解が困難な箇所があった場合には、その部分は後回しにして、先に進むのです。

特に、初めて法律を学習する方には、「腹八分学習」を強くお勧めします。

国民年金法

Chapter1　総　則

目的と国民年金の給付 ……………………………… [1条、2条]

Chapter2　被保険者

年金の支給期間及び支払期月 ……………………… [18条]

Chapter3　老齢基礎年金

Chapter4　障害基礎年金

Chapter5　遺族基礎年金

Chapter6　独自給付

Chapter7　脱退一時金の支給及び特別一時金の支給

Chapter8　供給の調整・給付の制限

Chapter9　給付通則

Chapter10　国民年金事業と積立金の運用

Chapter11　費　用

Chapter12　不服申し立て・雑則・罰則

Chapter13　届　出

Chapter14　国民年金基金

◎法律学習は全体がわかって理解が進む

法律は「条文」で構成されています。

目的の条文から始まり、保険科目の法律では、「総則」「保険給付」「給付通則」「費用」といった構成になっています。

たとえば、「国民年金法」という法律で説明してみましょう。

給付通則で、年金の支払いは、年6回、2月、4月、6月、8月、10月、12月に支払うという条文が出てきます。

しかし、初めて学習する人は、「年金額はどうなっているのか」「どういう場合に支給されるのか」等を知らないため、イメージが全くわきません。

自営業の方を中心とする、国民年金から支給される老後の年金は、20歳から60

歳まで40年間保険料を支払って、65歳から年額約80万円の満額年金を受け取ることになります。

この年額が、実際には6等分されて、2月ごとに支払われることになるのです。多くの人は、年金は毎月もらえるものだと思っていますが、それは違うんですね。

ここまで学習が進んで、初めて理解が深まります。ですから、法律学習は、まず全体を通してみるということが重要になるのです。

とにかく、進んでいくことが重要です。

◎「繰り返すこと」が超重要！

社労士試験合格のためには、最終的には「記憶」が重要になります。**記憶は「反復」することによって定着**します。とにかく繰り返すのです。

受験指導でこんなご質問を受けることがあります。

「年齢も年齢だから、記憶力が落ちてきているのでは」

「お酒が好きなので、飲むと忘れてしまうのでは」

私が教えた方の中で、最高齢の合格者の方は72歳です。どうですか？

また、学習期間中に、普段と同じようにお酒を楽しみながら合格した方もいます。

そんな言い訳をする人に、聞くことは1つです。


「過去問は何回解きましたか?」

「2回です」

「では、10回解いてください」


つまり、多くの人は繰り返し学習をしていないのです。

それで、「記憶力が落ちてきたから」とか、「歳だから」とか言い訳をします。

言い訳を考えている暇があれば、繰り返し学習すること。それが大事です。

◎繰り返し学習のキモは、スケジューリング

繰り返し学習を実践するためには、そもそも繰り返せるようにスケジュールを組み立てるのが大切です。

一番いいパターンは、今日学習したことを翌日復習するというパターンです。そして、1週間の終わりの土曜日に、5日分の復習をします。

このスケジュールだと、1週間以内に3回同じところが学習できることになります。

エビングハウスの忘却曲線はあまりにも有名になりましたが、短期間で反復すると、記憶の定着率が飛躍的にアップします。

私が、10年前に書いてベストセラーになった最短最速合格法では、「24時間以内復習法」と名付けました。


ただ、スケジュールを立てる際には注意点があります。

それは、「スケジュール通りにはいかない」という点を意識しておくことです。

フレキシブルに変更できるようなスケジュールを立てましょう。そのためにも、直前期以外は週1回の休みを取ることが重要なのです。

第4章

最短最速！非常識合格法①

1 受験指導校をうまく活用する

合格の鉄則
理解、スケジューリング、情報収集に役立てる

◎講義の意味を考えましょう

さあ、初めての学習です。わくわくドキドキですね。気合を入れて頑張っていきましょう。テキストも過去問題集も、まだキレイです。これからいろいろな知識を習得することは、喜びでもありますね。

最近は通学して教室で学習するより、ＷｅｂやＤＶＤを使って自宅で学習する人が増えました。いずれにしても、受験指導校を活用して理解していくよう努めましょう。

受験指導校を利用しない人もいますが、社労士試験の全科目の理解には、受験指導校活用が効果的です。テキストだけで理解できる方は非常に少ないのが事実なのです。

さて、ここであらためてわかっておいてほしいことが、「受験指導校の講義は何のためにあるのか」ということです。

受験指導校の講義は理解のためにあります。

なぜ、このような当たり前のことを説明しているのかというと、「受験指導校さえ利用すれば合格間違いなし」という勘違いをされている方も一定の割合でいらっしゃるからです。

受験指導校活用のメリットは、次の3つに集約することができます。

① **理解**のお手伝い
② **スケジューリング**のお手伝い
③ **法改正などの情報提供**のお手伝い

では、合格するために、受験指導校活用だけで足りないこととは何でしょう。

それは「記憶」です。最後は記憶が試されます。記憶は、残念ながら自分で行っていく必要があります。

★ 受験指導校活用のポイントを押さえておかないと、間違った学習をすることになる

2

受験指導校の講義を聴く

合格の鉄則
集中力の保つ範囲で聴くようにする

◎まずは理解に努めよう

講義を聴きながら、法律の目的、制度の趣旨などを学習していきます。まずは、理解に努めましょう。

その際に、重要なポイントがあります。

1時間以上連続して講義を聴かないことです。

多くの人が間違えている学習上の誤りでも解説しましたが、人間の集中力は30~40分が限界です。できればこの範囲で講義を受けてもらいたいものです。

そして、もう1つ、重要なポイントがあります。

先にも述べましたが、それは「マーキングをしない」ということです。

初めての受験は、何が重要で、何が重要でないのかさえわからない段階から始まります。

第3章でも触れましたが、講師が重要ポイントだと言っている点は、シャープペンシルや鉛筆などでアンダーラインを引くにとどめましょう。そうしないと、テキストがいろんな色だらけということになってしまいます。

★ 重要ポイントは、シャーペンなど消せるものでアンダーラインを引いておく

◎受験指導校に通学するなら

さて、では、通学の人はどうしたらいいのでしょう。

遠方からの通学は、1日2時間半、場合によっては5時間という長い時間を使います。

多くの講師は、1時間弱で休憩を入れますし、また、連続5時間講義を受けるということはありませんが、さすがに疲れてしまって、家に帰ってから復習しようとしても集中して取り組むのは難しいですよね。

このような通学の場合には、行き帰りの時間に耳から学習するために録音をするというのも1つの手段です。

また、受験指導校によっては、授業をWebで配信する、あるいはDVDを配布するという配慮をするところも出てきました。

利便性を考えれば、そのような受験指導校を選択すべきでしょう。

◎有名講師は、たとえ話がうまい

講義でメモを取るべきポイントは、「たとえ話」です。わかりやすいと評判の講師の共通項は、たとえ話が上手なことです。

法律という遠い存在を、身近に感じられるようにしてくれるのが、たとえ話です。

これをテキストにメモすることが重要です。

講義を聴いている時は「なるほどそういうことか」と感じても、2、3ヵ月後に、再び同じ科目を復習する際には、「あれ？　どういうことだったかな」ということになります。

多くの人は、たとえ話などのメモを取りませんが、理解のツボは、たとえ話にあるんですね。

★講義でメモを取るべき箇所はたとえ話である

3

過去問に取り組む時のポイント

合格の鉄則
ひと工夫することで合格にグンと近づける

◎一定範囲の講義を聴いたら、過去問を解く

一定範囲の講義を聴いたら、過去問にチャレンジしましょう。「過去問だけでも合格する」と言っても言い過ぎでないほど、過去問は試験合格の必須アイテムです。

社労士試験の出題の90％以上は法律からの出題です。

たとえば労働基準法を例にとっても、昭和22年に制定後改正されていますが、多くの条文は制定当時のままです。

とすると、条文から出題されるポイントには限りがあるということがわかります。

私が関わっている受験指導校の過去問題集には、10年分の過去問は完全掲載し、さらにさかのぼったもう10年分の中で、特に重要な過去問をピックアップして掲載しています。

受講生からは、「電話帳のように重たい」と評判はよろしくありませんが、合格者からは、「あ

の過去問題集が合格のポイントだった」と絶賛されています。

何度も申し上げますが、試験合格のためには、理解して記憶する必要があります。では、どこまでを理解し、どこまでを記憶するべきでしょう。その大きなヒントが過去の出題実績にあります。

過去問は、試験合格に最も重要なアイテムです。

講義を聴いてすぐに過去問を解くと、80%以上の問題を楽に正解できるでしょう。それでいいのです。理解しているかを確認しながら、過去問を解いていきましょう。

★ **講義を聴いてすぐに問題演習をすることにより効果が倍増する**

◎過去問題集の選び方

過去問題集には、年度ごとの過去問題集と、1問1答形式の過去問題集の2つのタイプがあります。本番同様という意味では、年度ごとの過去問題集が適していますが、学習する上でお勧めなのは、条文順の1問1答形式のものです。

後者のタイプの問題集は、出題ポイントと頻度がわかります。もちろん、本番同様の形式も大切ですが、答案演習や模擬試験などで対応することで十分です。

「過去問解答ノート」を作ろう

○月○日　労働基準法		
	予定：30問　15分	
	実績：25問で時間オーバー	
[問]	**[正誤]**	**[理由]**
1	○	5日以内→OK
2	?	不明

◎過去問の解き方

過去問を解く際には、適した解き方があります。この解き方を間違えると、実力がアップしません。

その解き方とは「過去問解答ノート」を作ることです。ノートは、どのようなタイプでもかまいません。ルーズリーフでも、1冊のノートでも大丈夫です。

過去問解答ノートには、次のようなルールをまず書き込みましょう。

最初に解答時間を設定します。

あとは、問題番号の欄と、正誤判断の欄、理由の欄を作るだけです。

上の図のようなイメージです。

あまり凝る必要はありません。大切なことは、記録を残すということです。

記録を残すことによって、達成感が得られます。これが後々、自信につながってくることになります。

「これだけやったんだ」という自信を持つことは重要です。本番でのメンタルを左右します。

◎「?・」マークとタイマー管理を大切に

正誤判断には「○」「×」「?・」を必ず入れます。

その中でも、「?・」が大切です。あいまいな理解や記憶は、本試験で命取りになります。

あくまでも練習ですから、正答率にこだわる必要はありません。

もちろん、タイマーの準備も忘れずに。

★ 過去問を解く際には、解答ノートを作ること

★ 過去問学習はタイマー管理が大切

4 テキストに過去問の情報を集約する

合格の鉄則
過去問データベースの作成で「記憶」しやすくなる

◎解いた過去問も有効活用する

非常識合格法では、初期の学習に時間をかけます。それが、直前期の学習を楽にする秘訣だからです。

もう一度確認しましょう。最終的に合格を決めるのは「記憶」です。

そこで、何を試験会場に知識として持っていけばいいのか、それをセレクトするために「過去の出題実績」を利用するわけです。過去問を分析することにより、理解する範囲を絞り込み、かつ、記憶する範囲も絞り込むことができます。

ここで重要になるのは、過去問を解いた後の処理です。過去問の答え合わせをしながら、テキストに出題ポイントを集約していきます。

これが、過去問データベースです。大切なことは、「どの分野から、何問出題されたか」と

◎出題例（健康保険法【平成21年選択式改】）

毎年（A）における標準報酬月額等級の最高等級に該当する被保険者数の被保険者総数に占める割合が（B）を超える場合において、その状態が継続すると認められるときは、（C）から、政令で、当該最高等級の上に更に等級を加える標準報酬月額の等級区分の改定を行うことができる。ただし、その年の（A）において、改定後の標準報酬月額等級の最高等級に該当する被保険者数の同日における被保険者総数に占める割合が（D）を下回ってはならない。

厚生労働大臣は、上記の政令の制定又は改正について立案を行う場合には、（E）の意見を聴くものとする。

◎解答

A：3月31日

B：100分の1.5

C：その年の9月1日

D：100分の0.5

E：社会保障審議会

いう点です。

ただし、テキストにフィードバックすることに時間をかけすぎないように注意しましょう。

選択式と択一式で出題されたものを区別することにはあまり意味がありません。私の持論は、「選択式も択一式も出題ポイントは同じ」です。それは、過去の出題実績が物語っています。

上と、左ページの、健康保険法に関する出題例を見てください。どちらでも問われていることは同じです。

★ 選択式も択一式も出題されるところは変わらない！

◎出題例（健康保険法【平成18年択一式問2―B改】）

標準報酬月額の上限該当者が、3月31日において全被保険者の1.5%を超え、その状態が継続すると認められるときは、厚生労働大臣は社会保障審議会の意見を聴いてその年の9月1日から上限を改定することができる。ただし、改定後の上限該当者数が9月1日現在で全被保険者数の0.5%未満であってはならない。

◎解答

×

（厚生労働大臣が等級区分を改定した年の「9月1日」ではなく、「3月31日」において改定後の被保険者数の割合が、標準報酬月額等級の最高等級に該当する全被保険者数の0.5%未満であってはならない）

「記憶」するためにテキストに情報を集約する

●社労士試験には単純正誤問題が多いため、「記憶」が合格のカギとなるが、「理解」しなければ記憶できない……

➡ 過去問の出題ポイントをテキストに集約し
情報を絞り込むことで理解と記憶を促進する！

5

個数管理でテキストを問題集化する

合格の鉄則

テキストの小見出しを「問題」化することで、常に知識の確認ができるようになる

◎記憶するポイントを絞り込む

非常識合格法のポイントの1つは、「個数管理」により「**テキストを問題集化する**」という点です。

前項で説明したとおり、過去問をテキストに集約したことにより、どの分野から何問出題されたかが整理できました。

ここからもうひと工夫しましょう。このデータを活用することにより、記憶するポイントを絞り込む作業までやってしまうのです。

「男女同一賃金の原則」を例に、過去問データベースを作成するところまでやった上で、さらに確認していきましょう。この項目で、本試験に持っていく知識は何でしょうか。

まず、少し整理してみましょう。

3つ

1-4 男女同一賃金の原則

男女同一賃金の原則（労基法４条）

使用者は、労働者が女性であることを理由として、賃金について、男性と差別的取扱いをしてはならない。 ①

本条は、従来（労働基準法の施行前）の国民経済の封建的構造のため、男性労働者と比較して一般に低位であった女性労働者の社会的、経済的地位の向上を賃金に関する差別待遇の廃止という面から実現しようとするものである。

労働基準法には、賃金以外の労働条件について性別による差別を禁止する規定はない。なお、男女雇用機会均等法において、「募集及び採用（第５条）」「配置、昇進、降格、教育訓練、福利厚生、退職の勧奨、定年、解雇、労働契約の更新等（第６条）」について、性別にかかわりなく均等な機会を与えること、性別を理由として差別的取扱いをしてはならないこと等が規定されている。

●本条では、賃金についてのみ差別取扱いを禁止している。

□ **就業規則の効力（平成９年基発648号）**

③ 就業規則に労働者が女性であることを理由として、賃金について男性と差別的取り扱いをする規定があっても、現実に男女差別待遇の事実がない場合には、その規定は無効ではあるが、労働基準法４条の違反とはならない。

□ **差別的取扱（平成９年基発648号）**

② 職務、能率、技能、年齢、勤続年数等によって、賃金に個人的差異のあることは、労働基準法４条に規定する差別的取扱いではない。しかし、労働者が女性であることのみを理由として、あるいは女性労働者が男性労働者よりも一般的平均的に能率が悪いこと、勤続年数が短いこと、扶養家族が少ないこと等を理由として、「賃金」に差別をつけることは違法である。また、これらが同一である場合、男性はすべて月給制、女性はすべて日給制とし、労働日数の同じ女性の賃金を男性よりも少なくすることは同法４条違反となる。なお、不利に取扱う場合のみならず、有利に取扱う場合も差別的取扱に該当するため、女性であることを理由として男性よりも高い賃金を支払うことも同法４条違反となる。

□ **賃金について（昭和23年基収4281号）**

賃金額のみならず、賃金体系、賃金形態についての差別的取扱いも含まれる。

① 賃金について規制している↓歴史的な経緯から

② 不利に扱うことだけではなく有利に扱うことも禁止

この2個が最低限本試験会場に持っていく知識です。

さらに余裕があれば、次のポイントも整理します。

③ 実際の差別的取り扱いが禁止される

これは、男女差別の規定があっても、現実に差別的取り扱いが行われていなければ、この規定違反とはならないということです。

◎小見出しの横に個数を書き込む

本試験に持っていくべき知識が整理できたら、その項目の横に番号を振ります。

そして、テキストの小見出しの横に、番号の合計数個数を書き込みましょう。


これで、テキストが問題集になりました。

次にテキストを読むときには、小見出しの横の個数を確認し、その項目で本試験に持っていくべき重要な知識を思い出すのです。

これにより、何回もチェックできる、すばらしいデータベースができたわけです。

★ 個数管理法でテキストが問題集になる！

6 問われる項目を予測するために

合格の鉄則
出題頻度によって項目をランク付けすることで、必要な項目と不要な項目を明らかにする

◎過去問データベースの最後の仕上げは「ランク付け」

過去問を10年分近く解いていると、繰り返し何回も出題されている項目があることに気付くはずです。

また、同じキーワードから、何回も出題されていることにも気づきます。

この気づきを、単なる気付きにしないで、ランク付けをするのです。

過去、10年間で5回以上出題されている項目は、Aランクです。

以下、「Bランク……過去10年間で3回程度出題されている項目」「Cランク……過去10年間で1回しか出題されていない項目」といったようにランク付けをします。

項目とは、労働基準法を例にとると、「基本原則」「賃金」「年次有給休暇」等の比較的大きな項目です。労働基準法だけで、15項目ほどに分類することができます。

出題頻度で項目をランク付けする

項目	ランク
基本原則	A
賃金	A
年次有給休暇	A
就業規則	A
年少者	B
寄宿舎	C

過去問を20年分解くと、もっと精度がアップします。

まずは、ランク付けまでを第1ステップの学習と位置付けておきましょう。

◎ランク付けをすると学習にメリハリが付く

ランク付けは、直前期の学習に抜群に役に立ちます。

本試験の前日には、出題可能性が極めて高い「特Aランク」しかやらない。こういったことが可能になるわけです。

このように、学習にメリハリを付けることは、限られた時間の中で学習時間を確保しているサラリーマン受験生にとって、「時間の有効活用」につながります。

ところで、文章の中で「特A」と急に出してしまいましたのでご説明します。

Aランクは、ほぼ2年に1回程度出題されている項目です。

このAランクに、法律の改正が絡むと、「特A」になります。

社労士試験の特徴の1つである「法改正」。法改正が行われると、当然出題確率がグンとアップします。過去の頻出項目なら、ほぼ間違いなく出題されると言ってもいいでしょう。

法改正講座は、受験指導校によって時期が若干異なりますが、5月から6月にかけて実施されます。その法改正講座もテキストにフィードバックしていき、過去問データベースを出題確率データベースへと仕上げていくのです。

★ Aランクに法改正が絡むと、「特Aランク」になる！

◎ランク付けすると出題者による「撒き餌」がわかる

ランク付けの意識があると、出題可能性がない項目もわかってきます。これは、学習を行う上で非常に便利なことです。

言い換えれば、「2度と出てこないだろう」という項目が見えてくるのです。

社会保険労務士試験の択一式は、5択ですが、実力が付いてくると、多くの問題で選択肢が2つ残るようになります。これがポイントです。

5択の中で、すべての受験者が準備しているであろうテーマを出題すると、正答率が

100%近くになってしまいます。そこで、出題者はどうするのか。

多くの受験生が迷うであろう「?」の選択肢を5つの選択肢の1つに入れるのです。

「?」の選択肢とは、受験生が全く知らないような細かな規則や行政側の解釈基準である「通達」と呼ばれるものを扱ったようなものです。

不思議なことに、そうしたものが1つ入るだけで、残りの4つまでもが迷ってしまうようになるのです。

特に知識があいまいな方ほどぐらつきます。

そして、本試験で次のような事態になります。

「誤りはどれか」といった問題に対して、Cの選択肢が誤りであると思っていても、全く知らないEの選択肢も気になります。

「Cは、もしかしたら正しいのではないか」「あれ? Cが正しいとする過去問を見たことがあったな」などとなってしまったらこの段階でアウトです。

「Cは、正しいに決まっている」「ということは、Eが誤りだ」そうだ、そうに違いない……。

本試験が終わり、受験指導校が出した解答速報を見ます。

「えっ、嘘だろう……やっぱりCだよな。Cにしようと思っていたんだ、Cが誤りなのはわかっていたんだ」と言ったところであとの祭りです。

こうして、1年に1回だけの本試験が終わってしまいます。

このように、撒き餌の問題が受験者を惑わせるために出題されます。自分の知識を信じて、惑わされないようにするのが大事です。

しかし、撒き餌ゆえに、再び出題される確率は相当低くなります。つまり、その問題を理解する必要はほとんどない、ということもわかるのです。

★ 撒き餌問題は2度と出題されることはないので、その問題を理解しても試験対策として全く意味がない

◎撒き餌の選択肢は、正しい選択肢の確率が高い

非常識合格法では、「撒き餌の選択肢は正しい選択肢として出題される確率が高い」ということを教えています。

それは過去の出題を見ると、その通りになっているからです。

受験生のほとんどが知らない箇所を出題するだけでも「鬼」ですよね。さらに、その選択肢を誤りにしても、誰もわからないということになってしまいます。

出題者も、過去の出題を把握した上で問題を作るわけですから、受験生が「ここまでは準備していないだろう」ということはわかります。

その上で、あえて誰もわからないことの正誤を問うような問題は作らない傾向になるということです。

過去問の学習を真剣にやると、このような面白い傾向も見えてきます。

撒き餌問題では、その選択肢に関するテキストの記述もいらないということになります。しかし、多くの受験指導校のテキストには、このような撒き餌で出題された論点も解説してあります。

それを見た受験生の多くは、「重要なポイントだ」と理解に努め、記憶するのですが、これはまったく無駄な作業をしていることになります。

このような箇所に限って、難解で理解に時間がかかる傾向にあります。

必要のないところを明らかにして、バッサリ捨てる。これが試験合格に必要なポイントです。

★ 撒き餌の問題は、「○」の確率が圧倒的に高い

7

「リンク法」で縦断学習する

合格の鉄則

同一法律内の共通項目をひとまとめにしておくことで、劇的に理解しやすくなる

◎初期の段階から共通項目をリンクさせる

学習効率がアップする秘訣を紹介しましょう。それは、同じ法律内での共通項目を、相互に「リンク」させることです。

ちょっとした気付きなのですが、これがなかなかできないのです。

私の授業では、意識して**共通項目を相互リンク**してもらいます。これを習慣化できれば、もうしめたものです。

イメージをつかんでいただきましょう。

労働基準法第5条に、「強制労働の禁止」という項目があります。歴史的な経緯から取り入れられた条文です。

この、「強制労働の禁止」では、規定違反が最も重い罪だということを学習します。

労働基準法は取締法ですから、罰金や懲役刑まで刑事罰が規定されているものです。その罰則は、罰則の章に記載があります。

学習の初期に、相互にページ数を書いておきましょう。

そうしておくことにより、次に読んだときの相互確認が速やかにできることになるのです。

◎効率がアップする「比較整理」の具体例

労働基準法では、労働者を雇入れる際に、労働条件を明示しなければならないと規定されています。しかも、一定の項目（みなさんが働く上で最も気になる項目です）に関しては、書面で労働条件の明示が義務付けられています。

労働条件の明示の項目に関する過去問を解くと、就業規則で絶対に記載しなければならない項目（これを絶対的必要記載事項と言います）との比較で出題されていることがわかります。

つまり、「労働条件の明示項目」と「就業規則の絶対的必要記載事項」の2つは、比較整理する学習が有効だと言えるのです。

では、102ページの比較表を見ながら、少し頭の整理をしてみましょう。

労働条件の明示項目には、労働契約の期間や、どこで働くのかという「就業の場所や業務」

◎**出題例（労働基準法・労働条件の明示【平成21年択一式問2―B】）**

労働契約の期間に関する事項、就業の場所及び従事すべき業務に関する事項は、使用者が、労働契約の締結に際し、労働者に対して書面の交付によって明示しなければならない事項に含まれている。

◎**解答**

○

（設問の事項は就業規則の絶対的必要記載事項ではない）

◎**出題例（労働基準法・就業規則【平成23年択一式問5―A】）**

常時10人以上の労働者を使用する使用者は、退職に関する事項（解雇の事由を含む）を、就業規則に必ず記載しなければならない。

◎**解答**

○

（労働条件の絶対的明示事項でもある）

が入っているのに対して、就業規則に記載しなければならない項目には入っていません。

これはなぜでしょう。

就業規則は、働く上でのルールを定めたものです。つまり、「働くことになった後の共通のルール」ということになります。

個人ごとの、働く場所や業務を入れていくことは、社員数が多ければ多いほど手間もかかりますし、意味もありません。こういった理由を考えるのも大切ですが、比較表で整理したほうが効果が上がります。

「労働条件の明示項目」と「就業規則の絶対的必要記載事項」の比較整理

労働条件の明示項目（絶対的明示事項）	就業規則の絶対的必要記載事項
労働契約の期間に関する事項	×
期間の定めのある労働契約を更新する場合の基準に関する事項（注1）	×
就業の場所及び従事すべき業務に関する事項	×
＜労働時間に関する事項＞ 始業及び終業の時刻、所定労働時間を超える労働の有無、休憩時間、休日、休暇並びに労働者を2組以上に分けて就業させる場合における就業時転換に関する事項	○（注3）
＜賃金に関する事項＞ 賃金（退職手当及び臨時に支払われる賃金等を除く）の決定、計算及び支払の方法、賃金の締切及び支払の時期並びに昇給に関する事項（注2）	○
退職に関する事項（解雇の事由を含む）	○

（注1）期間の定めのある労働契約であって当該労働契約の期間の満了後に当該労働契約を更新する場合があるものの締結に限り、明示しなければならない。
（注2）「昇給に関する事項」については、書面での交付義務はない。
（注3）就業規則の絶対的必要記載事項から「所定労働時間を超える労働の有無」は除かれている。

◎もう一歩進んだ学習をすると

労働基準法を学習していると、派遣社員の取り扱いに関するものが数多く出てきます。派遣社員は、労働契約自体は派遣元との間で結びますが、仕事は派遣先で行い、派遣先の指揮命令に従うことになります。

こうした環境を前提に、「労働基準法の責任を誰が負うのか」がよく出題されています。

答えを言ってしまうと、基本は派遣元が負うことになります。派遣元との間で、労働契約が成立しているからです。労働条件の明示義務も、派遣元が負うという通達があります。

その他、多くの規定で派遣元が労働基準法の責任を負うということになっています。

しかし、「派遣中の労働者に残業命令をするのは、派遣先の使用者である」という通達もあります。実際に働く場所が派遣先だから、業務を把握しているのも派遣先ということです。しかし、その残業分の割増賃金は派遣元が支払います。

この派遣関係も、労働基準法の中で多く出てきますから、ひとまとめに整理しておくと頭の中もスッキリします。これが、縦断学習です。

2回目以降のテキストの読み込みなどの際に意識するといいでしょう。テキストを、1ページ目から何の工夫もなく何回も読み込むよりも、こういった観点で読み込んでいくほうが、頭の整理という意味でも、格段に効果的です。

★　第1ステップのまとめ

第1ステップは初期の学習。ここで時間の効率的な使い方と出題データベースを完成させることが最短合格のカギです

第 5 章

最短最速！非常識合格法②

1

答案演習は「有効に捨てる」

合格の鉄則
覚えていないのはあたりまえ。焦らず、自分の弱点を見つけ出す

◎4〜6ヵ月経過した科目から復習する

さて、第2ステップに入ります。ひと通りの科目ごとの学習に、4ヵ月から6ヵ月を費やしてきました。労働基準法から学習をスタートした方は、労働基準法に戻ることになります。

ここで、多くの方が不安に思うのが「忘れている事実」です。

しかし、よく考えてみてください。4ヵ月以上も前の学習を覚えていることのほうが不思議です。「忘れていて当然」だということを自覚することから始めましょう。

第2ステップとして、受験指導校では、科目ごとの答案演習が始まります。

科目ごとの答案演習は、1週間単位で行われることが多く、予習と復習でとても忙しい時期になります。

◎答案演習は、予習をして臨まないと全く意味がない

答案演習には、必ず予習をして臨んでください。予習をして臨まないと効果が激減します。予習の際に威力を発揮するのが、過去問データベースが完成されたテキストです。個数管理まで行っていれば、ひたすらその記憶ポイントをチェックしておきましょう。

もし、まだできていなかったら、過去問からテキストにフィードバックする作業を行っていきましょう。

この段階では、「テキスト」→「過去問」という順番ではなく、「過去問」→「テキスト」です。

第1ステップの学習とは違い、忘れていることのあまりの多さに愕然《がくぜん》とするはずですが、心配は無用です。ここは情報を整理し、8月の勝負の時期に、何を何回繰り返すのかを明確にする資料を作成する時期です。

人は忘れる生き物です。

「昨日の夜、何を食べたか」は覚えていても、「1週間前の夜、何を食べたか」「1ヵ月前は」「2月2日は」などは覚えていません。

それが誕生日など記憶に残る日であれば別ですが、特別な日でなければ忘れてしまうはずで

す。ですから忘れるのが人間の当たり前の機能なんだということをわかった上で、忘れることを前提としたスケジュール設定が大切になるのです。

◎答案演習の効果的な復習法

答案演習講座では解説講義があり、答え合わせとともに、解説を聴いていくことになります。この答案演習の復習では、重要なポイントがあります。

それは、自分の解答結果を、過去問データベースができているテキストにフィードバックするということです。

答案演習でも、「○」「×」「?・」で解答していったはずです。間違えた問題や、「?・」であった問題などをテキストにフィードバックしていきましょう。そうすることにより、「過去の出題も多く、答案演習でも間違えた問題」というデータがテキストに追加されます。

Aランクで、かつ、答案演習でも間違えた項目。これは、本試験での重要なポイントになります。そのデータを追加するのです。

これにより、弱点データベースが、テキストに追加されたことになります。

★　**答案演習により、弱点データベースを完成させる**

◎答案演習問題は捨てる

答案演習問題は、復習したら捨てます。捨てないと合格はありません。

それほど、私は「捨てる」ことを重要視しています。「捨てる」ことをしないと、どんどん資料が増えていきます。

しかし、多くの受験生は、「もったいない」「次に復習できないじゃないですか」という意見を私にぶつけてきます。

そうした時、私は次のように答えます。

私　　「本当に、再び復習する時間が取れますか？」

受講生「うーん、取れると思います」

私　　「では、いつ取るか、その時間も考えてスケジューリングされてますか？」

受講生「……」

受験では、受験指導校からさまざまな資料が配布されます。

テキストがあるのに、オリジナルのレジュメを用意する講師もいます。いつのまにか、資料だらけになってしまうのです。

捨てる気持ちで復習する、これが大切なのです。

そうすると、復習も効果が上がります。

全問題を捨てると言っているわけではありません。間違った問題や法改正絡みの問題を切り取って、あとは捨ててしまうのです。

★ 答案演習問題は、復習の際にセレクトし、あとは捨てる

2 横断整理を意識しよう

合格の鉄則
類似する法律を、比較整理することで理解しやすくする

◎社労士試験では、横断整理が効果抜群

社労士試験では、保険の法律が一定割合を占めます。労災保険や雇用保険、厚生年金保険等です。

保険の法律は、似たような制度になっているため、頭が混乱します。それを一気に、比較整理しながら学習していくのが、横断整理学習ということになります。

2つほど例を出しましょう。

◎主な目的は同じでも、支給条件や内容が異なるもの

みなさんが病気やケガで働けなくなった場合に、支給される保険給付があります。それが、「傷病手当金」と呼ばれる健康保険からの給付、「休業補償給付」と呼ばれる労災保険からの給付

です。

どちらの給付も、ケガや病気で働けなくなった場合の所得保障を目的としています。大きな会社では、休んでいる期間中に一定の給与が支給される場合もありますが、通常は、ノーワーク・ノーペイ、つまり無給ということになります。

そこで、ケガや病気の期間中に、一定の所得保障が必要になるのです。

さて、左ページの比較整理の図表を見てみましょう。

傷病手当金は、連続3日休んで初めて支給要件を満たすことになります。これに対して、労災保険の休業補償給付は、通算3日休めばいいことになります。

「連続」と「通算」、同じ3日でも、大きな違いです。

また、給付額も違います。

傷病手当金では、1日あたりの給付が、標準報酬月額を平均した額の30分の1に相当する額の3分の2であるのに対して、労災保険の休業補償給付は、給付基礎日額の100分の60、これに特別支給金がプラスされて、結果として、100分の80ということになります。

詳細な解説は割愛しますが、それぞれの給付のベースとなる考え方が法律で少し異なるためです。

この2つの給付の決定的な違いは、ケガや病気になった原因です。

「傷病手当金」と「休業補償給付」の比較整理

	傷病手当金	休業補償給付
待期	継続3日	通算3日
支給額	標準報酬月額を平均した額の30分の1に相当する額の3分の2	給付基礎日額の100分の60 （＋特別支給金が給付基礎日額の100分の20）
支給期間	1年6ヵ月	制限なし

出社	休み	休み	休み	休み	休み
○	×	×	×	× →	× →

傷病手当金、休業補償給付ともに支給開始

出社	休み	休み	出社	休み	休み	休み
○	×	×	○	×	× →	× →

休業補償給付は支給開始、傷病手当金は不支給

健康保険は業務外の事情に、労災保険は業務上、または通勤途中で起きたケガや病気に対応します。

支給期間は、健康保険の傷病手当金が1年6ヵ月で打ち切りなのに対して、労災保険の休業補償給付は「治癒」するまで支給されます。つまり、治るまで支給され続けるのです。

こう見ると、労災保険のほうが手厚いことがわかります。

この2つの給付は、いずれも頻出項目です。出題例を少し見ていただくことで、より実感がつかめると思いますが、この2つの給付を、それぞれの科目で学習するよりは、比較整理しながら同時に学習したほうが、格段に実力が付くと思います。

これが、横断整理の醍醐味です。

◎出題例【労災保険法（平成21年択一式問4｜B）】

休業補償給付は、業務上の傷病による休業（療養のため労働することができないために賃金を受けない場合をいう）の第４日目から支給されるが、この第４日目とは、休業が継続していると断続しているとを問わず、実際に休業した日の第４日目のことである

◎解答

○

◎出題例【健康保険法（平成23年択一式問4｜A）】

傷病手当金は、被保険者（任意継続被保険者及び特例退職被保険者を除く）が療養のため労務に服することができなくなった日から起算して３日を経過した日から支給される。ただし、その３日に会社の公休日が含まれている場合は、その公休日を除いた所定の労働すべき日が３日を経過した日から支給される。

◎解答

×

（公休日が含まれていても、労務不能の状態が３日間継続していれば待期は完成する）

社労士試験で問われる時効制度

時効期間	2年	時効の起算日等	5年	時効の起算日等
労基法	・賃金（退職手当除く） ・災害補償 ・年次有給休暇請求権	支給要件を満たした日の翌日	退職手当	就業規則又は退職金規定に定める支給時期
労災法	①療養（補償）給付 ②休業（補償）給付 ③障害（補償）年金前払一時金 ④遺族（補償）年金前払一時金 ⑤葬祭料（葬祭給付） ⑥介護（補償）給付 ⑦二次健康診断等給付	①療養の費用を支払ったつど （中略） ⑥支給事由の生じた月の翌月初日 ⑦労働者が一次健康診断の結果を了知し得る日の翌日	①障害（補償）年金 ②障害（補償）一時金 ③障害（補償）年金差額一時金 ④遺族（補償）年金 ⑤遺族（補償）一時金	②、③、⑤については、一時金ではあるが、時効は5年となっている
雇用法	・失業等給付 ・返還金等に係る金額の徴収			
徴収法	・労働保険料等			
健保法	・保険料等 ・保険給付	「健保法の消滅時効の起算日」参照		
厚年法	・保険料等		保険給付	支給事由が生じた日の翌日
国年法	・保険料等 ・死亡一時金		年金給付	支給事由が生じた日の翌日

次は、「時効制度」で説明しましょう。

時効制度とは、一定期間経過後は、その権利を主張できなくなる、つまり請求できなくなる、「消滅時効制度」のことです。

社会保険労務士試験で問われる時効制度は、上の表のようになっています。2年と5年しかないのがわかるかと思います。

「民法」という法律が基本的な時効を定めていますが、民法では、時効は10年とされています。

社労士試験の出題科目の各法律では、それよりも短い期間の時効を定めていることがわかりますね。

それはなぜでしょう。

健康保険の「療養の給付」を例に取りましょう。

風邪をひいて病院に行ったとき、診療代を支払いますが、3割の自己負担分を支払っていることになります。これが典型的な療養の給付です。

さて、8年前に海外の旅先でケガをしたAさんは、現地の病院で自費で手当てを受けました。海外で自費で診療を受けた場合にも、健康保険の「療養費」が支給されます。

これを請求してきたらどうしましょう。8年前のカルテ、しかも海外です。残っているでしょうか。

このように、

① 長い期間を経過すると、その当時の証拠資料などが残っていないことが多い
② 長い期間請求してこなかったということは、請求する意思がない

といった理由で、消滅時効制度が作られています。

ここまでは、基礎的な理解です。では、試験対策としてはどうでしょう。

各法律で時効制度が出てきますが、それぞれの法律で時効制度を学習しても効果が上がりま

健康保険法の消滅時効の起算日

請求権	消滅時効の起算日
保険料の徴収権	その納期限の翌日
保険料以外の徴収金（延滞金等）の徴収権	その徴収金を徴収すべき原因である事実の終わった日の翌日
保険料の還付請求権	過納又は誤納となった日（納付した日）の翌日
保険料以外の徴収金の還付請求権	納付した日の翌日
療養費・移送費の請求権	療養・移送に要した費用を支払った日の翌日
傷病手当金又は出産手当金の請求権	労務不能であった日又は労務に服さなかった日ごとにその翌日
出産育児一時金	分娩した日の翌日
埋葬料の請求権	死亡日の翌日
埋葬費の請求権	埋葬を行った日の翌日
高額療養費の請求権	診療日の属する月の翌月１日。ただし、診療費の自己負担分を診療月の翌月以後に支払ったときは、支払った日の翌日
高額介護合算療養費の請求権	基準日（７月31日）の翌日

せん。

横断整理をして、初めて時効制度が頭の中でスッキリするのです。

具体的な記憶法を整理していきましょう。

ここでは、表をどのように整理して覚えるのかのヒントをお教えします。次の４つのポイントで整理して押さえましょう。

①　時効制度は2年と5年しかない
②　5年の消滅時効は、退職金と年金
③　一時金の消滅時効5年は、３つだけ
④　起算日は、二次健康診断等給付と介護関係の給付、高額療養費をチェック

これで、表の9割は押さえたことになります。

◎図表は「わがまま図表」で覚える！

図表で必要知識を整理するやり方は効果的です。視覚的にも、文章より頭の中に入りやすくなります。

また、共通項目の検索や比較整理にも適しています。

この図表で整理するやり方を、より効果的に行うために、図表を究極まで簡略化することから始めましょう。

受験指導校が出す資料としての図表は、記憶という点からは適していないことが多くあります。受験指導校では、簡略化より正確性を重視するために、図表の中も文字だらけになっているケースが多いのです。

それを簡略化すると、覚えやすくなります。

つまり、**自分さえわかればいい**という「**わがまま図表**」を作るのです。

わがまま図表の作成例を見ていきましょう。

左ページの図表は、受験指導校などのテキストに掲載されている図表です。やはり文章が多くなっています。もっと言ってしまえば、文章を無理やり図表の中に入れたという感じです。

社会保険を「任意適用事業所」という論点で見た図（予備校版）

	労災法	雇用法	健保法	厚年法
成立条件	事業主の意思又は労働者の過半数の希望	事業主の意思＋労働者（適用除外となる者を除く）の2分の1以上の同意又は労働者の2分の1以上の希望	被保険者となるべき者の2分の1以上の同意	事業所に使用される者（適用除外となる者を除く）の2分の1以上の同意
消滅条件	労働者の過半数の同意＋ 成立後1年以上経過	労働者の4分の3以上の同意	被保険者の4分の3以上の同意	事業所に使用される者の4分の3以上の同意

この表は、任意適用事業所という論点について示したものです。

社労士試験の試験対象である社会保険では、「労災保険」「雇用保険」「健康保険」「厚生年金保険」の4つが主要な保険です。

これを会社（正確には事業所と言います）ごとに適用していきます。

強制保険制度ですから、すべての事業所に加入が義務付けられるはずですが、個人経営で労働者の数が少ない、事故もそれほど多く起こらない、という事業所は、加入したければ加入できますよという仕組みになっています。

これを「任意適用事業所」と言います。

任意適用事業所は、試験でも頻出する項目です。任意適用事業所に関する問題では、加入の条件と脱退の条件がよく出題されています。

少し中身を見てみましょう。

さて、この加入の条件ですが、「労災保険」「雇用保険」「健康保険」「厚生年金保険」で異なっています。労災保険は事業主が加入を希望すればできますが、ほかの3つの制度では、加入に被保険者となる人の同意が必要になります。

なぜかというと、労災保険は保険料の全額を事業主が負担することに対して、ほかの3つの制度では、被保険者となった個人も、保険料の半分の負担義務が発生するからです。ですから、同意が必要になるのです。

もう1つの観点で整理すると、働いている人が加入を希望した場合です。この場合には、どうなるでしょうか。

加入については、この2つの観点で、自分なりの「わがまま図表」を作ると、頭の中がスッキリするのです。

では、脱退を見てみましょう。

まず前提として、簡単に加入でき、簡単に脱退できるとなると、働く人も大変です。いったん加入したら、脱退するのは厳しくなっている点に注意しましょう。

さて、ここでも、「事業主がやめたいといった場合には、脱退できるのか」「被保険者となっ

社会保険を「任意適用事業所」という論点で見た図（わがまま図表版）

		労災	雇用	健保	厚年
加入	事業主	○	+1/2 以上同意	+1/2 以上同意	+1/2 以上同意
	被保険者	過半数希望 →義務	1/2 以上希望 →義務	×	×
脱退	事業主	過半数同意＋ １年以上経過	+3/4 以上同意	+3/4 以上同意	+3/4 以上同意
	被保険者	×	×	×	×

た人が、保険料の負担が大きいからやめたいと希望した場合にも脱退できるのか」という観点から整理するとスッキリしますね。

上のわがまま図表を見てください。この表だと頭の中に入りやすくありませんか？

◎横断整理には適した項目がある

横断整理の有効さはわかっていただけたと思います。さらに、「わがまま図表」の作り方も紹介しました。

これで、「すべての項目で横断整理を取り入れれば合格間違いナシ」と思った方も多いと思いますが、残念ながらそう単純にはいかないのです。

横断整理には、適した項目と、適していない項目があります。

横断整理での整理が有効な項目は限られています。

これらの項目に関しては、横断整理でしかやらないと「覚悟」を決めることが重要です。

横断整理が有効な項目は、一般的には次のような特徴があります。

①　多くの法律に共通している項目である　↓　時効制度や不服申し立て等
②　似たような制度が、複数の法律にある　↓　任意加入被保険者や任意適用事業所等

これらの特徴をつかむと、横断整理に適した項目は左ページのような表になります。

これらの横断整理項目に関しては、市販のテキストでうまくまとめたものもありますし、受験指導校でも、横断整理講座などを実施しているケースもあります。

こういった書籍や講座も活用しながら、横断整理でまとめていきましょう。

★　横断整理でまとめる項目に関しては、テキスト復習から除外していく

横断整理に適した項目

適用事業・任意適用事業
保険者・強制被保険者
任意加入被保険者
労働者・日雇労働者
スライド制
受給権の保護
公租・公課
給付制限
待期
不正利得の徴収
賃金及び報酬
保険料率
保険料の納期限
国庫負担・国庫補助
未支給の保険給付
記録の保存義務
時効
諮問機関
不服申立て
端数処理

3

法改正講座は必要不可欠

合格の鉄則

出題される可能性が上がる、法改正に関連する項目をどう押さえるか

◎法改正はテキストに掲載できない

社労士試験の特徴の1つである法改正。例年、本試験は4月中旬までに施行されている法律に則って出題されます。

しかし、テキストは試験の前年に出版されているものがほとんどです。10月に労働基準法から講義が始まる受験指導校では、8月末にはテキストの原稿ができています。試験までには、そこから半年以上経過するわけです。その間に法改正が行われると、その部分を入れ替えなければなりません。

「そんなに法改正が多いのか」との疑問もあると思いますが、社労士試験は出題される法律が50以上もあります。

そこで、法改正講座なるものが成り立つわけです。

受験指導校が実施する「法改正講座」は、必ず受けておかなければならない講座です。

◎法改正があっても気にする必要がない項目もある

法改正の中でも、ランク付けが重要です。法改正講座を受講したら、テキストにフィードバックしていきましょう。これはすばやく行わなければなりません。

しかし、中にはあまり意味がない法改正もあります。

たとえば、国民年金や厚生年金保険の年金額です。毎年4月以降変更される（変更されない年もありますが）年金額は、出題の対象にはなりません。

覚えていても意味がないからです。

また、8月1日以降変更される、労働保険関係の数字も無視してよい法改正です。

このように、法改正がすべて重要ではないという点も確認しておきましょう。

以下、出題可能性が極めて低い、法改正の項目を挙げておきます。

① 国民年金・厚生年金保険の年金額
② 雇用保険の自動対象変更額……毎年8月1日改正予定
③ 雇用保険の基本手当日額

4

模擬試験活用術

合格の鉄則

模試は、母校ともう1つの学校の2回だけでいい

◎「模擬試験マニア」になってはいけない

本試験同様の模擬試験は、最大で2回しか受けてはいけません。1回でも大丈夫なほどです。模擬試験の最大の目的は、本試験用の時間帯で受講することにより、時間配分等を体験することにあります。

社労士試験は、東日本大震災以降、節電などの観点から、午前の早い時間から択一式、午後に選択式というスタイルでした。

現在は、従来どおり午前に選択式、午後に択一式の順番です。

初めて受験される方は、その長さに戸惑います。

さらに、試験でのテクニックに関してもつかめていません。

時間配分や、マークシートへのマークのタイミング。そういったことを経験することが重要なのです。点数に一喜一憂する必要はありません。

◎模擬試験参加で心がけること

模擬試験は、本番同様に準備をして臨むことが重要です。それは、前日から始まっています。

・前日に何を確認するのか
・何時に寝るのか

こういったことも本番同様にしましょう。当日についても同様です。

・何時に起きて試験会場まで向かうのか
・持っていくものは何か
・試験会場でチェックするものは何か
・どの科目から解答していくのか

すべてを本番同様に行うのです。

さて、ここで「マーキングのタイミングはいつにするのがよいか」を考えましょう。択一式は、大きく分けて7科目、各10問で構成されています。その中で、さらに大きく分類すると、「労働法関係」と「社会保険関係」の2つに分類できます。

私のお勧めは、「1科目10問解いたらマーキング」というパターンです。これなら、少しですが頭の休息も取れます。マーキングは所詮作業ですから、頭の切り替えにも役に立ちます。

全問題を解答してからマーキングするという人もいますが、それはお勧めしません。マーキングの時間が足りない等ということになっては得点が取れないからです。

得点にならないなら、いくら問題が解けてもまったくの無駄です。本試験でそんな悔しいことにならないためにも、模擬試験は「本番同様にやる」というテーマを持って臨むことが必要です。

◎模擬試験は全問題を復習しないこと

模擬試験は、各受験指導校の腕の見せどころですが、本試験同様のレベルにしようとすればするほど、受講生が学習した範囲を超えた出題で構成してきます。

それを見た多くの受験生は、その範囲外の出題を重要な問題と勘違いしてしまうのです。

これが、模擬試験の最大の落とし穴です。

「模擬試験で出題された問題は、重要な問題なんだ」という錯覚に陥りやすいのです。

こうならないようにするためには、答案演習と同様に、過去問データベースが完成されたテキストにフィードバックしていくのが大事です。

フィードバックを行うことで、その問題の重要度がわかります。

過去10年で一度も出題されたことがない項目で、法改正もない。このような問題は、単なる「迷わす出題」にしか過ぎません。

しかし、多くの受験生は、その問題をテキストに貼り付けたり、書き込んだりしてしまいます。言うなれば、自ら試験範囲を広げていくという「暴挙」を行ってしまっているのです。

まずは、Aランクの項目で間違えた問題だけをチェックしましょう。そうすることにより、「弱点データベース」がさらに充実します。

◎2週間後の正答率が復習のカギ

模擬試験の約2週間後に、全体の順位や正答率が送られてきます。この時に、もう一度、自分が間違えた問題を振り返ってください。

「正答率が70％以上の問題を何問解けたのか」、これが重要です。

合格する人は、「取りこぼしをしない人」です。

正答率が80％以上の問題は、さらに重要です。このランクの出題を１００％正答できるようになることが重要なのです。

正答率を参考にして、さらにテキストのデータベースに追加しましょう。

当たり前の問題を１００％正答することが、合格へ最も効果的に近づくポイントになります。

5 オプション講座の取り方

合格の鉄則
合格に欠かせない白書対策だけでもいい

◎受験生の不安につけ込む講座を取ってはいけない

受験指導校では、6月から8月の直前期にかけて、いろいろな講座を用意してきます。直前合宿講座等もあるくらいです。

しかし冷静に考えてみると、基本の講座があり、それ以外にさらに講座を取らなければならないということ自体がおかしくはないでしょうか。

これらの講座は、基本講座を取っていない方に向けてのものと考えたほうがよいです。

本書で紹介している非常識合格法をしっかり実践していただければ、そう多くのオプション講座が必要になるはずはありません。

しかし、唯一の例外が「白書対策講座」です。

白書とは、「厚生労働白書」と「労働経済白書」のことを言います。

社労士試験では、この2つの白書から出題されることもあります。白書は、例年10月に発売されます。

もちろん、白書を購入して読み込んでもいいのですが、それぞれ300ページ以上ある白書を、本試験直前期に自分で読み込むよりは、抜粋したもので対策を取ったほうがはるかに効果的です。

★白書対策は、オプション講座で取るのが効果的

◎合宿講座などは有効か

その他のオプション講座についても考えてみましょう。

代表的なものは、「年金特訓講座」「一般常識対策講座」「直前総まとめ講座」「直前ヤマ当て合宿」等です。

まったく無意味だとは言いませんが、これらの講座を受講して、はたして消化できるでしょうか。

まずは、自分の時間を考えてみてください。

ほかにやるべきことがたくさんあるのではないでしょうか。過去問データベースに始まり、弱点データベースまでもが完成しました。

　これらを個数管理でひたすら繰り返す。これが合格の秘訣です。

　もっとも、2回目以降の受験で、択一式は得点が70点満点中50点近く取れている。選択式も合計得点は取れて、基準点に達しない科目があったために不合格といった人には、精神衛生上の理由だけで、苦手科目のオプション講座を受講するのもいいでしょう。

　1回で合格したほとんどの人が、合格後にこう言っています。

「合格できましたが、与えられた教材をこなすだけで精一杯でした」

第6章

非常識スケジュール①
8月1日～

1

8月が勝負を決める

合格の鉄則

得点をアップさせる学習をひたすら繰り返す

◎8月に何回繰り返せるかが重要

社会保険労務士試験に合格するには何が大切か。それは「記憶」です。

記憶が定着している人だけが合格します。

このことを再確認すると、必然的に直前期の学習スケジュールが決まってきます。

それは、「繰り返す」スケジューリングです。

記憶するためには、反復に尽きます。いかに繰り返せるかが、合格のカギになります。

多くの合格者が、「過去問を5回繰り返しました」「テキストを10回読み込みました」などと言っています。

合格する人は、とにかく繰り返しやることを実践しています。

また、直前期で重要なことがもう1つあります。

それは、「**理解に時間を使わない**」ということです。

理解に時間を使う時期は、7月の中旬頃までです。

8月は、1点でも得点をアップさせていくことに全精力を使うべきです。

理解していなくても、記憶していれば、多くの問題の解答を得ることができます。

◎何を繰り返すのか

これまでの学習で、過去問出題データベースができました。

また、出題項目のランク付けもできました。さらに個数管理もできていれば、ただひたすらそれらを繰り返していくのです。

自分に適した情報の集約をしてきたはずですから、それをひたすら繰り返し学習することに注力しましょう。

◎8月に新しい問題集を買ってはいけない

試験直前期になると、直前対策本などが発売され、受験指導校でも「直前に、ここだけ押さえる」といった講義が開かれる等、受験生の不安心理につけ込まんとするものが出てきます。

こういったものには、一切手を出さないことが大切です。

2

「繰り返し」を自動化する

合格の鉄則
スケジュールを作ることにより、意識せずに繰り返せるようにする

◎スケジュールを作ることが重要

多くの人が、8月の学習のやり方やスケジュールがわからないと言います。だからといって、やみくもに学習を進めていっても、合格には近付けません。

私は、講師業10年目で、このことに気付かされました。

7月中旬頃には、受験指導校で教える基本的なメニューはすべて終わります。8月のオプション講座の依頼も数多くいただくのですが、私自身の信念としてお断りしてきました。

そんな中、多くの受験生から、「直前期の学習法がわからない」という声を聞き、そのリクエストに答える形で作成したのが、「直前期非常識合格スケジュール」です。

詳しい内容については次項で説明します。

作成して15年を過ぎましたが、当初から全く変えていません。それほど効果が上がると自負していますし、多くの合格者を輩出してきた実績もあるスケジュールです。

このスケジュールを作ることにより、自動的に繰り返せるような仕掛けにしました。もちろん、人それぞれに個性がありますから、少しアレンジしていただいてもかまいませんが、このスケジュールのとおりに学習することで合格できた人が数多くいます。

◎自分が確保できる時間も考えて

働きながら学習している人は、1日に確保できる時間が限られてきます。特に、8月が繁忙期の会社にお勤めだと、大きなハンデを背負うことになってしまいます。

できれば、夏季休暇や有給休暇もフル活用して、8月はなるべく学習のための時間を確保して欲しいと思います。「やれることをすべてやる」ということが重要です。

◎モチベーションも重要

8月の直前期に大切なことの1つがモチベーションです。メンタル面のコンディションを良好に保つことはとても重要だと言えます。

「絶対合格する！」という信念を持って学習に専念するのです。

そのためにも、明るく、前向きに考えましょう。

自分が社労士になって活躍している姿をイメージしたり、合格して、好きな食べ物を食べているところをイメージしたりするのです。

冗談めかして、「暗い人からは、得点も逃げていきます」と講義で話すのですが、人は気持ち次第で変われるものなのです。

3 直前期スケジュール　試験前日まで

合格の鉄則
イヤでも繰り返せるスケジュールを作る　→　8月を3分割する

◎8月に3回は重要ポイントを繰り返す

直前期スケジュールを作るために、8月を3つに区切りましょう。

まず、8月1日から19日間を第1ステップとして区切ります。第2ステップは8月20日から試験の前々日まで。そして、本試験の前日が第3ステップです。

これで、3つの期間に分かれました。これにより、重要なポイントに関して、8月に3回「繰り返す」スケジュールになるのです。

◎予備日を設ける

スケジュールを立てる時に大事なことが「予備日」の設定です。

最初の19日間に予備日を2日ほど入れます。この予備日は、

① 何らかの事情で、スケジュールがこなせなかった場合の予備的な意味合い
② スケジュールどおりうまくいっている場合には、そこまでの学習の総チェック

という2つの目的のために設定します。この予備日の存在により、スケジュールが崩れた時に、立て直すことができます。

◎前日やったことを翌日繰り返す

前日にやったことを、翌日の朝に振り返ることも心がけましょう。24時間以内に復習すると、記憶の定着率が飛躍的に上がるというのは以前説明したとおりです。

こういったスケジュールを立てることにより、簡単に「繰り返す」ことが可能になります。
では、この大きく3つに分けた、ステップごとの学習のポイントを確認していきましょう。

4

第1ステップのツボ　その1

合格の鉄則

受験指導校の授業どおりのスケジュールは非効率

◎8月1日からのスケジューリング

さて、145ページのスケジュールをご覧ください。このスケジュールを見ると、ほとんどの受験生が「労働基準法から始めないの⁉」と驚きます。

多くの受験指導校では、「労働基準法→安全衛生法→労災保険法→雇用保険法→労働保険徴収法」という順番で授業を進めていきます。

本試験の択一式での出題科目順に学習を進めると、そのような順番になるのです。しかしこれは、初期の学習では非常に効果的ですが、直前期の学習には不向きです。

なぜなら、直前期には、最も効果的に振り返りができる学習法を取るべきだからです。

まず1日目には、「労災保険」と「健康保険の保険給付」を同時に学習するスケジュールになっています。

ケガをして、病院で治療を受ける。

このケガの原因が、業務中や通勤途中で生じたものであれば、「労災保険」が適用され、業務外の原因であれば、「健康保険」が適用されます（146ページの表参照）。

つまり、「治療というサービスを提供する給付」という点では同じで、原因が異なるだけなのです。

ですから、2つの保険給付は似ています。しかし、少し違うところもあります。これが、試験対策としてのポイントになります。

2日目の、傷病手当金と休業補償給付については、先に解説したとおりです。

3日目の、「葬祭料」と「埋葬料」も、同じ死亡に関する給付で、つまりはお葬式代ですね。

これも、死亡の原因で分かれるのです（147ページの表参照）。

つまり、「労災保険」と「健康保険」は、同じ医療に関する法律ということになります。従って、保険給付の多くが、同じ目的で作られています。

そこで、直前期の仕上げには、2つの保険給付の法律に関して、同じ日に学習するのが効果的なのです。

8/1 ～ 15までの効率的学習スケジュール

1	労災　・療養補償給付	健保　・療養の給付 ・保険外併用療養費等	
2	労災　・休業補償給付 ・傷病補償年金	健保　・傷病手当金	
3	労災・葬祭料	健保　・埋葬料 ・資格喪失後・被扶養者関係	
4	労災	健保　・高額療養費	
5	労災　・遺族補償給付	厚年　・遺族厚生年金	国年　・遺族基礎年金
6	労災　・遺族補償給付	厚年　・遺族厚生年金	国年　・遺族基礎年金
7		健保　・出産手当金 ・出産育児一時金	
8	予備日		
9	労災　・障害補償年金	厚年　・障害厚生年金	国年　・障害基礎年金
10	労災　・障害補償年金	厚年　・障害厚生年金	国年　・障害基礎年金
11	労災　・通勤災害 ・特別支給金	安衛　・健康診断以外	
12	労災 ・二次健康診断給付	安衛　・健康診断	
13		厚年　・老齢厚生年金	国年　・老齢基礎年金
14		厚年　・老齢厚生年金	国年　・老齢基礎年金
15	予備日		

療養補償給付と療養の給付

	労災法　療養補償給付（12条の8，13条）	健保法　療養の給付（63条）
支給要件	労働者が業務上負傷し、又は疾病にかかった場合	被保険者又は被扶養者が業務災害以外により疾病又は負傷した場合
給付内容	1. 診察 2. 薬剤又は治療材料の支給 3. 処置、手術その他の治療 4. 居宅における療養上の管理及びその療養に伴う世話その他の看護 5. 病院又は診療所への入院及びその療養に伴う世話その他の看護	
	6. 移送	
給付期間	制限なし	

※健保法の療養の給付については、給付期間について制限はないが、基本的に被保険者期間中の傷病について、治ゆするまで受けることができる。

葬祭料と埋葬料

	労災法	健保法	
	葬祭料（17条）、葬祭給付（22条の5）	埋葬料（100条1項）	埋葬費（100条2項）
支給要件	業務災害により死亡した労働者の葬祭を行う者に支給（通勤による死亡は葬祭給付）	被保険者が死亡した場合に、当該被保険者により生計を維持されていた者で埋葬を行う者に支給	被保険者が死亡した場合に、埋葬料の支給を受ける者がいないときに埋葬を行った者に支給
支給額	31万5,000円＋給付基礎日額の30日分	5万円（定額）	埋葬料の範囲内で埋葬に要した費用に相当する額
最低保障	給付基礎日額の60日分	なし	なし

◎年金科目に関しては、「遺族」から始める

5日目と6日目は、遺族関係の保険給付をまとめて確認する日に設定しています。これも、多くの受験生が戸惑うポイントです。それは、遺族の範囲が法律によって異なるためです。

遺族の範囲が法律によって違うのですから、頭の中の整理がつかないのももっともです。それなのに、一生懸命覚えようと個別に潰していっても、頭の整理は一生できません。

各法律の定める遺族の範囲を並べてみたものが、左ページの表です。

国民年金から支給される遺族基礎年金は、「子のある配偶者」または、「子」が対象です。これに対して、厚生年金から支給される遺族給付の対象は、「配偶者」「子」「父母」「孫」「祖父母」です。

そして、労災保険から支給される遺族給付の対象は、「配偶者」「子」「父母」「孫」「祖父母」「兄弟姉妹」です（150ページの表参照）。

さらに、他の遺族関係の給付の範囲も、それぞれ微妙に異なっているため、情報の整理がしにくくなっています。そこで、同じ日に学習して頭を整理するのが効果的になります。

さらに、ここでひと工夫しましょう。151ページの図表は、遺族の範囲のまとめ表です。

遺族関係の整理図

◆ 国年法

遺族基礎年金（37 条の2）

順位	遺族	生計維持	その他の要件
1	子のある配偶者	○	下記の子と生計同一関係にあること
	子	○	18 歳の年度末又は1・2級障害で 20 歳未満かつ現に婚姻していないこと

◆ 厚年法

遺族厚生年金（59 条）

順位	遺族	生計維持	その他の要件
1	配偶者（妻）	○	
	配偶者（夫）	○	55 歳以上※
	子	○	18 歳の年度末又は1・2級障害で 20 歳未満かつ現に婚姻していないこと
2	父母	○	55 歳以上※
3	孫	○	18 歳の年度末又は1・2級障害で 20 歳未満かつ現に婚姻していないこと
4	祖父母	○	55 歳以上※

※支給開始は 60 歳から。ただし、夫に対する遺族厚生年金については、夫が遺族基礎年金の受給権を有するときはこの限りでない。

遺族関係の整理図

◆ 労災法　遺族補償年金（16条の2）

順位	遺族	生計維持	年齢要件	障害状態
1	配偶者（妻）	○		
1	配偶者（夫）	○	60歳以上	厚生労働省令で定める障害（障害等級５級以上）の状態にある
2	子	○	18歳の年度末までにある	
3	父母	○	60歳以上	
4	孫	○	18歳の年度末までにある	
5	祖父母	○	60歳以上	
6	兄弟姉妹	○	18歳の年度末まで または60歳以上	
7	夫	○	55歳以上60歳未満	厚生労働省令で定める障害の状態にない
8	父母	○		
9	祖父母	○		
10	兄弟姉妹	○		

※第６順位までは、年齢要件か障害状態のいずれかが該当すれば遺族と認められる

※第７順位～第１０順位の受給権者は、６０歳まで支給停止。ただし、前払一時金は請求可能

遺族の範囲で押さえなければならないポイントは、「配偶者」「子」「父母」「孫」「祖父母」「兄弟姉妹」という6つです。この6つを縦軸にとり、横軸に遺族関係の給付を書きます。

その後、「遺族に含まれるか」と「含まれるための条件」を書き込んでいきます。こうすることで、遺族の範囲に関しては完璧に整理できます。

このように講義で指導すると、「先生が作って配ってください」と言われますが、それでは学習になりません。作られたものをマーキングするだけという「塗り絵ゲーム」が始まるだけです。左の表を参考に、ぜひ実践してみてください。

遺族の範囲を整理する

	労災保険 遺族補償年金	国民年金 遺族基礎年金	厚生年金 遺族厚生年金	寡婦年金	死亡一時金	遺族補償一時金	障害補償年金差額一時金
配偶者							
子							
父母							
孫							
祖父母							
兄弟姉妹							

◎自分で表を埋めてみましょう！

◎年金は、遺族→障害→老齢の順番で

年金関係を確認するときに、「遺族関連給付」を最初に持ってきたのには理由があります（「遺族」の後は「障害」、最後に「老齢」の順番にしています）。

「8月という本試験までの限られた時間の中で、いかに得点力をアップするか」ということを優先して考えると、確実に得点源にできるのが「遺族」と「障害」だからです。

年金科目の中では、厚生年金保険の老齢厚生年金が一番難しくなっています。

老齢厚生年金が理解できなくても、択一式で出題されるのは多くて2問しかありません。厚生年金保険の択一式は、近年、難解な問題が多く出題されているため、合格する方でも、10点満点中5～6点という得点レベルです。

そうであれば、理解に時間もかかり、出題されても1～2問の老齢厚生年金に時間をかけるよりは、出題ポイントがある程度絞り込める、「遺族」や「障害」年金にウェイトをおいたほうが効率的なのは明らかでしょう。

特に、年金科目が苦手の人には、お勧めの学習法です。

また、国民年金と厚生年金保険は、2階建て年金制度（サラリーマンの人が国民年金と厚生年金保険に二重に加入している仕組みのこと）では、ペアの法律とも言えます。

そのため、本来は同時学習が理想なのです。

◎8月16日から19日まで

ここで、ようやく労働基準法が出てきます。

労働基準法の学習にも、関連する他の法律との同時学習が効果的です。

一般常識の労働者派遣法、男女雇用機会均等法など、労働一般の法律との同時学習を心がけましょう。

そして、仕上げが雇用保険です。雇用保険は、独特の法律です。関連する法律としては、育児・介護休業法です。

一般常識の法令関係は、労働基準法と雇用保険とをあわせて最後の確認をするようにしましょう。

8/16〜19までの効果的学習スケジュール

16	労基	一般 ・派遣法・男女雇用機会・職安
17	労基	一般 ・高年齢・障害者
18	雇用	一般 ・育児介護・児童手当
19	雇用	一般 ・国保・その他

5

第1ステップのツボ　その2

合格の鉄則
労働保険徴収法は毎日学習すること

◎6点中6点満点も狙える労働保険徴収法は宝の山

8月には、「限られた時間の中で、いかに得点を稼ぐか」という考え方が大切です。その観点から考えても、労働保険徴収法は最も効率的に得点を稼ぐことができる科目です。労働保険徴収法は、労災保険と雇用保険の2つの法律の保険料を、一本化して集めるための法律です。

従って、理解が困難な論点が非常に少ないのが特徴です。「仕組み」の法律ですから、仕組みさえ理解できれば、あとは反復することにより、記憶を確実にしていくことができます。

◎徴収法の出題範囲はとても狭い！

徴収法のもう1つの特徴は、過去問さえ確実に押さえてしまえば、6点満点中5点は得点可能であるという点です。

先にも述べたとおり、保険料の徴収の仕組みだけの法律なので、出題範囲が非常に狭くなります。また、届出期間や保険料率など、数字が多く出てきますので、数字を効率よく押さえることさえできれば高得点が狙えるのです。

法律の改正も、保険料率以外はほとんどありません。

従って、過去問の繰り返し学習だけで、6点満点中5点は取れてしまいます。ある年の問題は、6問中6問が過去の出題そのまま、または、過去の出題を少しアレンジしたものというラッキーなものでした。

★　徴収法は繰り返し学習だけで高得点が狙える

6 第1ステップのツボ　その3

合格の鉄則
横断整理をまずは2回繰り返す

◎横断整理に適した項目は横断整理で

横断整理の有効性はすでに説明しましたが、直前期は横断整理を一層活用して、効率よく得点をアップしていくことが重要です。

横断整理に充てられる時間にもよりますが、効率よく繰り返していければ、本試験までに少なくとも3回、多ければ5回程度繰り返し学習ができます。

第5章でも述べましたが、横断整理に適した項目は、「適用事業・任意適用事業」「保険者・強制被保険者」「任意加入被保険者」「労働者・日雇労働者」「スライド制」「受給権の保護」「公租・公課」「給付制限」「待期」「不正利得の徴収」「賃金及び報酬」「保険料率」「保険料の納期限」「国庫負担・国庫補助」「未支給の保険給付」「記録の保存義務」「時効」「諮問機関」「不服申立て」「端数処理」です。

国民年金の被保険者

第1号被保険者	日本国内に住所を有する20歳以上60歳未満の者（第2号被保険者、第3号被保険者に該当する者を除く）ただし、厚生年金保険法に基づく老齢給付等を受けることができる者は適用除外
第2号被保険者	厚生年金保険法の被保険者（65歳以上の者にあっては、老齢基礎年金等の受給権を有しない者に限る）
第3号被保険者	第2号被保険者の配偶者であって主として第2号被保険者の収入により生計を維持するもの（第2号被保険者である者を除く）のうち、20歳以上60歳未満の者

これらの項目に関しては、横断整理で最終確認することが効率的な得点アップに繋がります。

横断整理を使ったとしても、1回目の振り返りを行うときには時間がかかります。

しかし、2回目、3回目と回を重ねていくことにより、時間を短縮できるようになりますし、そのように学習していく必要があります。

これは重要なポイントですから、具体例で説明していきましょう。

◎ポイント1　試験に対応できるように記憶していく

上の表は、国民年金の被保険者の種類である第1号から第3号まで、その定義をまとめた表です。

概略を解説していきましょう。第1号被保険者とは、もともとの国民年金の対象者である自営業の人たち等です。

第1号被保険者は、20歳から60歳まで40年間の加入期間があります。その期間保険料を納めて、満額の老齢基礎年金約80万円／年を65歳から受け取れることになります。平成29年8月から、10年間の納付済期間があれば受取可能となりました。

国内に住んでいる方が対象で、海外にいる日本人は、任意加入という扱いになっています。任意加入とは、手続をして、ご自身で保険料を支払うという仕組みです。

第2号被保険者とは、会社員や公務員の人です。会社員や公務員の人は、年齢に関係なく、働き始めたときから、国民年金の第2号被保険者という扱いです。

もっとも、中学校までは義務教育ですから、厳密に言えば、中学を卒業してから働いている人ということですね。

ただし、65歳になると、国民年金と厚生年金から老後の年金が支給されますから、基本的には65歳までということになります。

最後に、第3号被保険者です。専業主婦の方が代表例ですね。専業主婦の人は、保険料を支払わなくても支払ったという扱いです。

これは、昭和61年4月からの新しい年金制度で、このような仕組みになりました。

昭和61年3月までは、専業主婦の方は、国民年金では任意加入の扱いでした。任意加入していれば、自身の年金を受けられますが、していないと自身の年金はありません。

自身の年金がないと、離婚した場合に生活に困ることになってしまいます。

そこで、専業主婦の方が、保険料を納めなくても、年金が受け取れる仕組みを作ったのです。

国民年金から、老後の年金を支給するという形なので、第1号被保険者と同様に、20歳から60歳までが被保険者としての期間となります。さて、ここまでは、よろしいでしょうか。

◎本試験に出題される形に対応できるように整理して記憶する

過去の本試験で、次のような問題が出題されました。要約して紹介しますね。


【出題例1】第1号被保険者から、第3号被保険者まで、国籍要件は不要である。

【出題例2】第1号被保険者と第2号被保険者ともに、20歳以上60歳未満の期間が、国民年金の被保険者としての期間となる。


さて、どうでしょう。

私の解説を読んで、図表の整理を見て、すぐに解答できるでしょうか？

これが、私が大切にしている、試験対策のポイントの1つになります。

続いて、160ページの図表をご覧ください。

国民年金の被保険者 要件まとめ

	第１号被保険者	第２号被保険者	第３号被保険者
年齢要件	20歳以上60歳未満	×	20歳以上60歳未満
国内居住要件	国内に住所	×	×
国籍要件	×	×	×
その他の要件	老後の年金を受けることができる人は除外	65歳以上の人は、老後の年金の受給権がない人に限る	第２号被保険者の配偶者であって生計維持関係が必要

さて、この表は、先ほどの、国民年金の被保険者の定義を、年齢要件・国内居住要件・国籍要件・その他要件で整理したものです。

この表を覚えていれば、先ほどの過去の出題は、簡単に解答することができますよね。

過去問を解いていく過程で、どのように知識を記憶していけば、解答速度が速くなるかを真剣に考えると、この論点に関しては、上の表で記憶していけば、圧倒的に時間短縮も図れ、さらに、頭の整理もできることがわかります。

◎ポイント2　図表をチェックポイントの個数で整理する

もう1つの具体例を紹介しましょう。記録の保存義務です。いろいろな法律で、一定の記録を保存しなければならない期間が決められています。

この記録の保存義務の期間も、横断整理に適した項目です。

さて、横断整理では、162ページの表のようにまとめたものがあります。これをどのように記憶していくのかがポイントです。表の記憶のコツは、共通項目を探すことです。

この表を4つのポイントで整理します。

① 労働関係の法律が3年、社会関係の法律が2年となっている
② 雇用保険は、労働関係の法律だが2年と4年となっている
③ 4年は、雇用保険の被保険者関係の書類である
④ 健康診断個人票は5年

それぞれの期間についての、一応の理屈もあるのですが、ここでは割愛します。

さて、この4つのポイントで整理ができました。これが1回目の復習の際にやることです。

2回目は、4つのポイントを思い出す作業をします。

記録の保存義務を整理する

<table>
<tr><th>保存期間 / 法律</th><th>2年</th><th>3年</th><th>4年</th><th>5年</th></tr>
<tr><td>労基法</td><td rowspan="3">–</td><td>○</td><td rowspan="3">–</td><td>–</td></tr>
<tr><td>安衛法</td><td>○</td><td>○(※1)</td></tr>
<tr><td>労災法</td><td>○</td><td rowspan="3">–</td></tr>
<tr><td>雇用法</td><td>○</td><td>–</td><td>○(※2)</td></tr>
<tr><td>徴収法</td><td>–</td><td>○</td><td>○(※3)</td></tr>
<tr><td>派遣法</td><td>–</td><td>○(※4)</td><td>–</td><td>–</td></tr>
<tr><td>健保法</td><td>○</td><td rowspan="3" colspan="3">–</td></tr>
<tr><td>厚年法</td><td>○</td></tr>
<tr><td>社労士法</td><td>○</td></tr>
</table>

※1　健康診断個人票、ストレスチェック結果記録、面接指導結果記録
※2　被保険者に関する書類
※3　雇用保険被保険者関係届出事務等処理簿
※4　派遣元管理台帳、派遣先管理台帳

思い出せなければ、それをチェックしておきます。

そうすることにより、短時間で繰り返すことが可能になります。

つまり、記録の保存義務の4つのチェックポイントを思い出す。この作業自体が、2回、3回と回数を重ねることにより、短時間でできるようになっていくのです。

「2年と3年」、「雇用保険は2年と4年」「4年は」「5年は」といったように。

どうでしょうか？

楽に繰り返し学習ができることに気付きませんか？

★ 図表を有効活用し、ポイントを絞って記憶する

7 第1ステップのツボ　その4

合格の鉄則
第2ステップにつなげるために、重要項目をセレクトする

◎第1ステップから第2ステップへの橋渡し

第1ステップは約20日間ありますから、ひととおり復習することができます。しかし、第2ステップは、3日から5日間という短期間になります。

そんな短い期間で、第1ステップで復習したすべての項目を繰り返し復習することは、およそ不可能です。

ですから、第1ステップにおける復習の際に、第2ステップでもう一度繰り返す項目のセレクトを意識します。

すでに項目のランク付けはできているはずですから、その作業自体は容易にできるはずです。Aランク、特Aランクを重点的に繰り返すことが第2ステップでは重要です。

◎苦手項目は毎日持ち歩く

第1ステップの復習では、必ず苦手な項目が出てくるはずです。


「どうしても覚えられない」

「同じところで必ず間違ってしまう」


こういうことで落ち込む方がいますが、何も落ち込む必要はありません。

なぜなら、裏を返せば「自分の弱点が掴めた」と言えるからです。

多くの受験生は、「何が得意科目（項目）で何が苦手科目（項目）なのか」、「どこまで理解していて、どこまで記憶しているのか」も意識できていません。

それがわかっていること自体がすばらしい、というように意識を変えましょう。直前期は、メンタル面において前向きであることが大切なのは、先にも述べたとおりです。

何度も間違える項目や問題に関しては、毎日、スキマ時間を使って、しつこいくらいに繰り返します。

毎日カードに書いて持ち歩くのもいいでしょう。

トイレを活用するのも1つの手です。

トイレに、間違える項目の図表を貼り付けておくのです。そうすると、少なくとも、朝と夜の2回は確認することになります。

繰り返すことを生活の中に仕組みとして組み込んでしまうことで、苦手項目を克服しましょう。

★ 第1ステップで復習をしながら、第2ステップで確認する項目を意識する

8

第2ステップのツボ

合格の鉄則
頻出問題を繰り返し精度を上げるとともに、試験前日に確認する項目を洗い出す

◎重要ポイントを再度繰り返す

第1ステップで復習した項目の内、重要な項目に関して、2回目の繰り返し学習を行います。

スケジュールは、第1ステップのスケジュールを凝縮する方法がよいでしょう。

そうすると、1日で、数多くの項目のチェックを行うことになります。

さくさくと、チェックしていきましょう。

個数管理、ランク付け、これらができているわけですから、さらにチェックを重ねていきます。

重要な項目に絞ってチェックしていくわけですから、覚えていない項目自体が少ないはずです。

8割以上の確率で、正解が得られるはずですが、それでいいのです。実力がついてきた証拠です。

この時に、変なことを考える方がいます。

「もう、わかりきっている項目や論点は繰り返す必要はない。それよりも、弱点項目や出題頻度が少ない項目にもスポットを当てて復習すべきだ」と。

これは、完全に間違っています。

合格する人は、正答率が80％以上の問題を100％に近い形で得点を取る人です。従って、頻出項目を8割以上覚えていたとしても、それを繰り返して100％に仕上げるほうが合格への近道なのです。迷ってはいけません。

★ひたすら、頻出項目をしつこいくらいに繰り返す

◎試験前日に確認する項目をセレクトする

この第2ステップでも、試験前日に、もう一度確認する項目をセレクトすることを意識して確認していきましょう。

試験前日ですから、そう多くの項目の確認は必要ありません。特Aランクだけでも、時間が足りない可能性もあります。

ですから、思い切って、切り捨てていく。

たとえば、労働基準法では、1つか2つの項目で限界ですね。このように割り切ってセレクトしていくことが必要です。

★ 前日に確認する項目を全体で10個程度セレクトしていく

第7章

非常識スケジュール②
直前期～試験当日

1 直前期スケジュール　試験前日

合格の鉄則
無理に新しいことに手を付けず、試験当日の準備をする

◎試験前日は「新しいこと」をやらない

試験前日は、第2ステップでセレクトした項目を再確認しましょう。すでに何回も繰り返してきた項目ですから、ほとんどの項目で記憶も定着しているはずです。

それだけでいいのです。

「新しいことをやってはいけない」、これが前日の鉄則です。

ただ、弱点項目のチェックはきちんと実施しましょう。弱点項目は、命取りになる危険性があります。これまで、過去問や答案演習で引っかかってきた問題について、最終のチェックをしましょう。

試験前日は、学習自体にあまり時間をかけてはいけません。どんなに長くても5時間程度が限界です。

ひととおりの確認が終わったら、メンタル面を整えましょう。

リラックスして、「自分は必ず合格する」と言い聞かせるのです。

◎持ち物チェック

試験当日持っていくものを最終チェックしましょう。あまりたくさんの教材を持っていくことは、現実的ではありません。

せいぜい1冊程度のテキストかまとめ本。

私の場合は、自分の弱点カードだけを持っていくようにしました。「もう、やるだけやってきた」と、自分に言い聞かせることが大切です。

試験当日には、思わぬアクシデントが生じることもあります。

特に、試験が夏に行われることもあってか、会場の温度関係のことはよく聞きます。

過去には、空調が壊れたという会場もありましたし、逆に、空調が強すぎて寒かった会場もあります。

温度差に対応できるように、特に女性の方は、1枚上着を用意したほうがいいでしょう。

◎クエン酸とブドウ糖を用意する

脳の栄養源はブドウ糖です。試験当日は、ブドウ糖とクエン酸が摂れるようにしていきましょう。

水筒などの持ち込みが禁止となっていますので、ペットボトル等の市販のドリンクに混ぜて補給するのがベストです。

◎試験当日の朝解く問題を最後にセレクト

おまじないみたいなものですが、試験当日、5問程度問題を解いてから家を出ましょう。頻出項目で、自分が得意な問題をセレクトしましょう。当然すべて解けるはずですから問題ありません。これで自信をつけて、いざ出発という段取りです。

メンタル的にもいい効果がありますし、頭を回転させるという意味でも効果的です。これを前日にセレクトしておくのです。

当日、慌てて「あの論点はなんだったっけな」などと、不安な箇所をやみくもに復習することには意味がありません。

2 直前期スケジュール　試験当日

合格の鉄則
試験当日の注意点と、試験中の超効率的解答テクニック

◎試験当日の過ごし方

試験当日は、試験開始時間より少なくとも3時間以上前に起きて、まず、「合格を確信」しましょう。

そして、朝食を摂り、前日用意した問題を5問程度解きましょう。

全問正解のはずですから。それでいいのです。

とにかく、やるだけやってきたわけですから、試験では、自分の実力をすべて発揮することが重要です。

また、当日、健康な状態で受験できることも大切です。

長年受験指導をやっていると、試験当日に高熱が出て受験できない等、さまざまな理由で受験会場までたどり着けないという方が大勢いらっしゃいます。

ですから、無事、受験会場に行けたら、そのことを感謝しましょう。

◎会場到着〜試験開始まで

会場に到着したら、気持ちを落ち着けましょう。

周りにいる人を見回すと、実力が自分より上の人たちのように見えたりしてしまいますから、音楽でも聴きながら、呼吸を整えて、目をつぶっておくことです。瞑想状態ですね。

試験会場に着いてからも、テキストなどを確認している人がいます。

もちろん、確認したいことをもう一度見直すくらいならやってもいいので、せいぜい間違いカード等を5〜10枚ほど確認するのに留めましょう。

試験開始までは、気持ちを落ち着けることのほうが重要です。

そして、あらためて次の2点を確認しましょう。

① やるだけのことはやってきたので、実力を発揮するだけだ

② 必ず、知らない問題が出題される。これは、みんなも知らない問題なんだ

「合格する」ということは、結果です。みなさんは、その過程で努力や工夫をしてきたわけで

す。それが、結果として、自分の成長にもつながっていきます。

ですから、「実力を試すんだ」ぐらいの「気分」が大切です。オリンピックなどの試合でも、緊張して実力が発揮できなかったということを聞きますよね。とにかく、リラックスすることにフォーカスしましょう。

②は、社労士試験の特徴です。必ず、受験生の守備範囲外の知識を選択肢の中に入れてきます。こういった選択肢に動揺しないことです。

この「気の持ち方」も重要です。知らない問題が出ると、「どうしよう」「こまったな、これ何だったっけ」等、「焦る気持ち」になりがちです。そうすると、頭に血が上って、混乱してしまいます。冷静な気持ちで解答していくことが重要です。

では、選択式と択一式の解答のテクニックを確認しましょう。

◎選択式の非常識解答テクニック

①　選択式の勝負問題は2問

選択式の勝負問題、すなわち難しい問題は2問程度です。この2問を解答するために時間を使います。単純計算では、1問10分ですが、易しい問題は3分程度で解答できます。マーキングを入れても5分程度です。

残りの時間を、勝負問題に使うのです。

② 選択式問題は選択肢を見ない

選択式を解答するときには、最初に選択肢を見ないようにしましょう。

まず、文章を一読します。そして、精読に移ります。

この際に、AからEに入る語句を余白に書いていきます。書けないところもあるかもしれませんが、まずは書くことが大切です。

それから、選択肢の語群と照合していきます。

③ グルーピング

選択肢は全部で20個です。つまり、AからEそれぞれについて、4つの候補があるということですね。

どうしてもわからない部分は、候補となるものの4つをマーキングするなどして、グルーピングすることがかなり有効な手段です。

グルーピングしておかないと、常に20個の候補から選ばなければならないということになります。

それではケアレスミスも生じやすいということになってしまいます。

④　**基準点を意識する**

基本的に、選択式で5問中3点は取らないと合格できません。必ず3つ正解することが重要です。その際に有効なものが、「ダブルマーク」です。

AとBに入る語句の組み合わせが、「A：④　B：⑤」なのか、「A：⑤　B：④」なのか迷うパターンの問題があります。他のCからEで2点は確実に得点できそうです。

さて、どうしましょう。組み合わせを外してしまうと、0点になります。

このような場面では、A、Bともに④、④と入れます。そうすれば1点は確保できるのです。

よく、「同じ番号をつけてはいけないのでは」と質問を受けますが、そんな決まりはありません。これが、1点を取りに行く、合否を分けるテクニックです。

⑤　**文章を書いてみる**

どうしてもわからない問題は、選択肢を入れた形で文章を書いてみましょう。

読んでいるだけでは、しっくりとこなかったことが、文章にして書いてみると、意外と結論が出たりします。

あきらめないで文章を書くことまでやってみることが重要です。
これをぜひ試してみてください。

◎お昼休みにはしっかり休む

昼食は、胃にもたれるものを食べないようにしましょう。お肉など重いものは適しません。消化のために胃に血液がいくと頭がボーッとしてしまいます。

私は、半分冗談で「バナナ5本」とお勧めしていますが、とにかく、消化のいいものにしてください。

また、選択式の問題を振り返らないこと、これは重要です。過ぎてしまったことを振り返っても意味がありません。

試験は何が起こるかわかりません。択一式に備えて、とにかく、休息を取りましょう。

◎択一式の非常式解答テクニック

①　どの科目から解くかを決める

択一式も選択式も、労働基準法から問いが始まります。多くの受験生が、順番どおりに労働基準法から解答していきますが、私は、あまりお勧めしません。

現に、人によっては、年金科目から解答を始めるタイプの方もいます。国民年金から厚生年金へという流れです。

その受験生は、「お昼を食べた後すぐに、考えなければならない労働基準法を解くのは厳しいので、単純記憶問題が多い年金から始める」ということでした。その順番も、本試験の問題用紙の最後のページにある国民年金を最初にやり、次に厚生年金という順番だそうです。

他の受験生では、徴収法から解答する人もいました。

つまり、「問1」から、解答しなければいけないという決まりはないのです。

お勧めの2つのパターンは次のような流れです。

その1　国民年金→厚生年金→労働基準法

その2　得意科目の中に次の科目があればその科目を優先して解答する
　　　　徴収法又は労災保険→雇用保険→労働基準法

② ケアレスミスを防ぐ

ほとんどの問題が、「正しいものはどれか」「間違っているものはどれか」というパターンです。

ですから、問の横に大きく○か×を書くようにします。

各選択肢に関しても「○」「×」「?」をつけます。これを徹底しましょう。

③ マーキングのタイミング

科目ごとにマーキングをしていくことがお勧めです。1科目10問、30分前後解答して、マーキングで休憩を繰り返していきます。

その際に、栄養補給しましょう。前にご紹介したクエン酸とブドウ糖です。

④ 2つの選択肢が残った問題は

先にも述べましたが、本試験でも、絞り込んだ結果2つの選択肢が残るようなことは多々あります。

このときの決断のパターンは、「見たことがある選択肢が正解である確率が高い」ということです。

とにかく、1つに決めてマークする、これが重要です。「後で見直しをして決めよう」というのは最も悪いパターンです。

時間がなくなってしまいマーキングが終わらないなど、最悪の結果になります。

第8章

先輩に聞く！
社会保険労務士
インタビュー

1

中先生インタビュー

合格の鉄則
スーパーのパート主婦から店長、そして社会保険労務士へ。現在、社員研修で大ブレイク中！

中　昌子　先生（社会保険労務士・スマイルコンサルタント・株式会社マリン 代表取締役）

短大卒業後、大手製鉄会社に就職。3年後退職し、子育てをしながら、2年間、公文式英語教室の先生を経験。39歳の時にスーパーマーケットにパートとして就職。3年後に店長となり、社員、パート、アルバイトがチームとなり、笑顔になる仕組みを作り上げる。

外部の会社からも研修の依頼が増えたため、平成15年11月に企業研修・教育のコンサルタント会社として有限会社マリン（現：株式会社マリン）を設立。平成19年社会保険労務士試験合格。同年12月中昌子社会保険労務士事務所を開業。平成21年には、中小企業の採用から退職までの人事面でのサポート（募集・面接・教育・人事制度・労務管理等）をするためにオーナー'Sスマイルクラブを立ち上げる。現在、新たな事業展開として、介護の現場に「感動と感謝と輝きを」をテーマに介護施設の人材育成・組織活性化プロジェクトと女性と子供の笑顔を支援する「にこにこのたねプロジェクト」を立ち上げ、全国展開している。

北村：こんにちは、中先生。今日は、先生の成功経験をお聞きしたいと思います。まず、社会保険労務士試験を受験されたきっかけからお願いします。

中　：はい、よろしくお願いします。私は、短大卒業後、製鉄会社に就職しました。就職後、専業主婦に憧れ、結婚。そして、3年半後に出産を機に退職しました。それから16年間、子育てをしながら、片手間でできるような仕事を少ししていたのですが、子供が高校生になり、教育費がかかるようになったので稼ぎに出ようと思い、39歳の時スーパーでパートを始めて、3年後には店長になりました。

北村：店長にまでなられたんですか？

中　：はい、パートとして働くだけではつまらなかったので、目標を持って取り組むうちに、徐々に責任ある仕事を任せていただくようになりました。

北村：具体的にはどのような取り組みを？

中　：働く仲間のモチベーションを上げることが一番初めにやったことです。あとは、ポップを手作りにしたり、商品の配置なども工夫しました。そうしたら、売り上げが上がっていき、社員にしていただき、さらに、1店舗任されるようになりました。

北村：そうですか、それは素晴らしい。

中　：結果としてうまくいった理由は、教育にあると思いました。そこで、その社員研修等が面白くなり、ある程度は体系化できたので、平成15年に研修会社を立ち上げました。幸運にも、口コミでスーパーや飲食店の従業員研修の仕事が入ってきていました。

北村：社会保険労務士とはつながらないような気がしますが（笑）

中　：少し回り道になりましたね。研修会社も軌道に乗っていたのですが、「何かが足りない」と考えるようになりました。そこで、私自身の今後のレベルアップを考えたのです。
その時に、個人で会社をやっていても今一つ信頼性というか、そういったものがないんですね。そこで、国家資格を取ろうと思いました。人材教育を行っていましたから、それに近い資格ということで社会保険労務士を選びました。また、人材育成だけではなく、労務管理などの面でもっと企業の役に立ちたいと思ったのも社労士を目指したきっかけの1つです。

北村：なるほど。ようやくつながりましたね。さて、受験で一番苦労したのは何ですか？

中　：最初の受験は平成17年でしたが、とりあえずどんな試験か確かめるために受けてみようという感じで申し込んだので、ほとんど勉強しないで受験したという形です。ただ、実際受けてみて、「これなら勉強すれば受かるのでは」と思いました。
2年目は受験指導校を利用しましたが、私の場合は仕事もありましたから、いわゆる「通信教育」もいろいろと申し込みました。
すると、DVDがたくさん届きました。しかし、通信教育の場合は、計画的にこなさないと教材がたまる一方です。試験の直前に、集中的にDVDを見たのですが、時間がないので、2倍速、3倍速で見ました。その結果、1点足りずに不合格でした。

北村：合格できなかったのは残念ですが、実質1年目で1点差とは素晴らしい。

中　：1点差ですから、ある程度やれる自信はつきました。
しかし、通信講座だと、なかなかリズムがつかめないことに気付いて、3年目は受験指導校の通学コースも利用しました。講義のある日だけは徹底的に勉強すると決めて、仕事ができないようにカジュアルな服装で通いました。8月は、自営業ということもあって、時間を確保して追い込みをかけることができました。結果としては、試験終了後に「これは合格できたな」という感覚があったくらいです。

北村：通学と通信の違いはなんですか？

中　：通学で驚いたのですが、皆さん、講義の何時間も前から受験指導校にいらっしゃって自習されているんです。その姿を見て励まされました。通信は、いつでも見られるというメリットはありますが、スケジュール管理がうまくいかないと、こなせません。通学は、リズムを作るという意味ではよかったと思います。皆さんの個性に合わせることが必要ですね。

北村：受験をやめようとは思いませんでしたか？

中　：途中で受験をやめようと思ったことはありませんが、「勉強しなければいけないのにできない」というプレッシャーは常にありました。合格した年の8月は体が固まるほど勉強しました。もっとコンスタントにやっておくべきだったと今では思います。
あとは、計画性なく、いろいろな講座を申し込んだ時期もありましたので、お金をかなり使ってしまいました。それは反省点ですね。

北村：合格後、生じた変化は何ですか？

中　：私自身は何も変わっていないのですが、外部的な変化として、人の見る目、特に企業の男性の見る目が変わりました。資格取得前は、会社の取締役と人材コンサルタントという肩書でやっていましたが、社労士という資格が入ったことで重みが加わりました。

北村：社労士としての仕事も経験されましたか？

中　：はい、助成金の申請や就業規則、人事制度の作成、給与計算など、いわゆる社労士業務も2年くらいやってみました。でも、どうもしっくりこないのです。

それまでイケイケで臆せずにやっている感じでしたが、いろんなことができるようになったことで、どうしたらいいか迷ってしまったというのもあります。

北村：それは、もったいない話でもありますね。開業しても、仕事がない先生もたくさんいますから。

中　：そうですね。ただ、心の中では、「自分が一番力を発揮できるのはやっぱり人の教育だな」という思いが強かったと思います。それで、この先、社労士として進む道は何だろうと考えました。いろいろ考えて、経験もして、吹っ切れたような気がします。
最終的には、「教育と言えば中さん」と言われるくらいやりたいなと思いました。
こう言っては何ですが、社労士としての申請業務などは、自分が「わくわく」しなかったんです。私は教育をしっかりやって、研修以外の受注がきたら、他の社労士さんを紹介する形のほうがいいなと思いました。

北村：いろいろ経験して、結局研修が一番という結論であれば、社労士資格を持った意味がなくなったのではないですか？

中　：いえ、そうではありません。最近、労使トラブルが増えています。このような労務問題の解決は医者で言うところの治療に当たります。でも、私はその前の予防の部分、つまりなるべくトラブルが起こらないような職場作りを専門的に、研修という手段で解決することをやっているんだと認識できました。また、労務トラブルが起きない会社作りの研修という視点を得たのは、大きいことでした。

北村：なおのこと社労士の肩書が不要になった？

中　：社労士の肩書があるからこそ、企業が私に相談をしてくれるということもありますから、プラスに作用しています。社労士＋社員教育の専門家というのは強みです。研修会社はたくさんありますが、社労士で教育ができる人は少ないので、頑張って道を開けるようにしたいです。さらに、他の社労士の先生と協業ができるという意味でも大きかったと思います。

北村：協業というと？

中　：教育研修だけを専門にやっていたため、他の社労士の先生から「顧問先の研修をお願いします」という依頼も多くなりました。研修でいただける助成金の申請の依頼を他の先生が担当して、私が研修を担当するという感じで分担することもあります。助成金と研修がつながるというのは社労士ならではだと思います。

北村：最近、本を出版されましたが、コンセプトを教えてください。

中　：これまで4万人くらいの研修をしてきました。その中で大切なのは、従業員が働く喜びをもってわくわくしながら仕事ができたら、自然とお客さんに喜んでもらいたいと思うので、自分からいい接客をするようになるということです。そういうものがなくて、マナー研修やテクニックだけを教えても、よくはならない。ですから、まずは従業員に喜びをもって働いてもらえるようにすることが重要だと気付きました。だから、「従業員に心の報酬を与えましょう」というのがコンセプトです。心の報酬というのは3つあって、「役立ち感」、「成長」、「チームの絆」ですが、それを与えてあげれば従業員が自ら動き出します。そして、それは決して難しくないことだと考えています。

北村：女性にとって社労士で開業するメリット、デメリットはありますか?

中　：女性だからということではないのかもしれませんが、きめ細かいところまで見ることができる点ですね。子育てと社員を育てるのは似ているので、子育てをしたというのはすごく役に立っています。研修講師は、男性が活躍されている世界なので、講演やコンサルで女性が行くと新鮮に感じてもらえるのもいいのかなと思います。
あとは女性社員をどうしたらいいのかということに関して、女性社員やパートさんの気持ちもわかるし、同じ立場にいた人間がやっているということで、相手に自分もまだまだやれる、勇気づけられると思ってもらえるということもありますね。女性であるということは、私にとってプラスになっていると思います。

北村：今後の目標は何ですか？

中　：会社の中に、指示命令されなくても自ら考えて動ける自立した社員、言い換えれば、働く喜びをもって毎日いきいきとチームワークで働けるような社員を増やして、周りにいるお客様に幸せになってもらい、それで会社も地域も繁栄することです。わくわく社員が増えることで日本が元気になると思うので、全国にたくさんわくわく社員を増やして日本を元気にしたいというのが大きな目標です。

北村：「社労士はこんな資格」というメッセージがあればお願いします。

中　：自分のキャラが存分に生かせる資格だと思います。仕事の幅が広いのでいろいろな仕事の仕方ができます。人が相手なので難しい面や問題も多いですが、人が変わる姿を見たり感謝されることが楽しいし、やりがいや役立ち感がたくさんあります。今は出張も多いし、休みもほとんどないですが、楽しいので全く疲れはないです。ぜひ、皆様も、「わくわく」社労士を目指して頑張ってください。

◎北村の感想

中先生の場合は、社会保険労務士資格を取らなくても成功されていたと思います。

しかし、最近問題になっている労働基準法などの労務コンプライアンスなどについて、社会保険労務士だからこそできることがあります。

この知識を取り入れた、「社会保険労務士ならでは」の研修で、差別化に成功されたという点が、中先生のブレークスルーだったと思います。

専業主婦から、スーパーの店長、教育会社設立。社会保険労務士試験の資格にもチャレンジで大活躍です。

その挑戦の源は何かというと、やはり、「元気」ということですね。元気な人にインタビューして、私も元気になりました。

これからも、皆様のあこがれになるように頑張ってください。

2

松山先生インタビュー

合格の鉄則

精神疾患社員が増える中、障害年金を得意分野として大ブレイク中

松山純子　先生（社会保険労務士・松山純子社会保険労務士事務所）

短大卒業後、14年間福祉施設（身体・知的・精神）で人事総務およびケースワーカー業務を経験する。平成16年社会保険労務士試験合格。平成18年6月、松山純子社会保険労務士事務所を開業。

現在、障害年金を中心に、就業規則作成・変更、助成金の活用提案、給与計算、雇用・人事・賃金・労働時間の相談・労働社会保険の適用、創業支援を主な業務として、他士業（司法書士・税理士・中小企業診断士・行政書士）と連携し、広いネットワークでトータルサポートを行っている。

北村：こんにちは、松山先生。今日は、障害年金で活躍されている先生の成功までのプロセスのインタビューです。まずは、社会保険労務士試験を受験されたきっかけからお話しいただけますか？

松山：はい、よろしくお願いします。私は、短大卒業後、14年間福祉施設（350名の障害者の方が働いている）で働いていました。そこで、本部と2つの事業所を任されて総務人事を担当していました。そこでの業務の中で、障害者雇用の助成金申請や、就業規則の見直し等の仕事をしてきましたが、労働基準法などがまったくわからず、「これでいいのか」「わかっていたほうがいいのでは」と思って始めたのがきっかけです。

北村：業務に必要なことがきっかけだったのですね。学習はどのようにしましたか？

松山：やってみようかなと思ったのは平成10年でした。習い事を紹介する雑誌を購入したら、たまたまそこに数万円で社労士について学べるものがあったので受講してみました。受講したら意外と楽しくて、「これなら続けられる」と思いました。
そこから、本格的に受験指導校に通い、平成16年に4回目で合格しました。体調を崩していた時期もあったので、その間ずっと勉強していたわけではないのですが、やっていない時期の法改正についていくのが大変でしたね。受験指導校には、2校通いました。最初の受験指導校もよかったのですが、結果的に、2つ目の受験指導校で合格までお世話になりました。

北村：受験で一番苦労したのは何ですか？

松山：選択式試験の「もう1点」が足りなくて不合格が続きました。2年目から択一式は問題なくできていましたが、選択、特に社会保険の一般常識が苦手で、1点の壁が超えられなかったのです。「この1点で落ちるのか」と社労士試験の怖さが年々強くなりました。

北村：そのモチベーションの維持はどうされていましたか？

松山：正直やめようと思ったこともあります。「総得点は足りているのに」という理不尽さも感じました。しかし、最終的には自分の責任だと考えました。ここでやめてしまったら「ただの物知り」になってしまうとも思いました。

北村：社会保険労務士試験の怖いところが、科目ごとの基準ラインですね。私の講義の受講生だった方も、5回連続1点に泣きました。その方から相談を受けた時には、「あきらめないで、気持ちを軽く持って頑張ってください」としか言えなかったですね。

松山：私も、その時、受験指導校の先生に相談というか、思いをぶつけました。そうしたら、「人には合格する時期がある、その時はたまたま合格する時期ではなかった。合格すべき時に合格することに意味がある」と言われ救われました。

北村：合格後、生じた変化は何ですか？

松山：合格当時は、あいにく体調を崩して会社を辞めていました。しかし、社会保険労務士で開業する気は全くありませんでした。そんなある日、福祉施設で一緒だった元上司が数年前に会社を設立していて、私が退職したことを知って「うちで働かないか」と声をかけてくださいました。

体調の関係もあり、フルタイムというよりは、短時間がよいと思いました。そこで、顧問社労士として雇ってもらえないかと話したら了解してくれました。そこで、自宅兼事務所で開業登録をしました。平成18年6月のことです。

北村：前にいた会社を顧問先にするのはうまくいくパターンとしてよく聞きますが、似たような形でしょうか。当時の顧問料はどのくらいですか？

松山：IT会社でしたが小さかったので月3万円でした。

北村：その後はどんな感じでしたか？

松山：いきなり開業したため、周りに同業はもちろん、他の士業の先生とのつながりも全くない状態でした。そこでまず、同業と司法書士などの他士業とつながろうと思って、区報に載っていた中野区主催の開業セミナーに申し込みました。そこでは、これから開業しようと考えている不動産業の方や司法書士などいろいろな人がいて刺激を受けましたね。
そこで知り合った方々とグループを作りました。このグループのメンバーが、私の営業マンになってくれたのです。たとえば司法書士の方に開業の相談が来た場合、その相談者の方に助成金や社会保険の手続きなどに私を紹介してくださるのです。
こういった関係で、お仕事をいただけるようになりました。

北村：他士業との連携は不可欠です。いいところに目をつけられましたね。

松山：ありがとうございます。他士業の方とのつながりは、モチベーションを保つのにも役立ちました。一緒に盛り上がったり悩んだりする仲間ができたのがありがたかったです。

もう1つ、「開業する人はどこにいるのだろう」という視点で、フランチャイズの本部や賃貸の不動産屋とつながりをもって、仕事が下りてくる仕組みも作りました。

北村：開業1年間（平成18年）はどんな感じでしたか？

松山：順調に顧問先も増えて10社くらいになりました。そこで、開業して10ヵ月目に事務所を構えました。やはり、きっちりとした仕事をするには、事務所を構えることが必要かなと思い、中野サンプラザに事務所を借りました。サンプラザという名前（看板）も、有名ですから、よかったですね。また、障害年金を仕事にしていたので、バリアフリーになっている点もよかったです。

北村：専門分野である障害年金について聞かせてください。

松山：障害年金との出会いは、障害者施設にいた時でした。障害年金をもらって働いている人と、もらわずに働いている人の違いを施設に入ってすぐに気づきました。

障害年金をもらって働いている人は、年金で多少の収入があるので病気が少し悪くなると休めますが、もらっていない人は、次に復帰できないくらいぎりぎりまで働いてしまう。そうすると、障害がなかなか治らない。そういう事実があるのです。

そこで、社労士になったら、障害年金をもらいながら働くことを伝えていきたいと思いました。しかし、障害年金は世の中的にはあまり知られていないことも知りました。

北村：精神疾患にかかる人が多いということは実感していますか？

松山：私の事務所では、障害年金を依頼される方の90％くらいが精神疾患、中でも統合失調症の方が多い。うつも多いですが。うつの人は、会社での人間関係が原因の方がほとんどと考えられます。

北村：申請の依頼はどこから来るのですか？

松山：ホームページですね。私の場合は、ほとんどがインターネットからのお問い合わせです。

北村：障害年金に関して、もう少し具体例で説明していただけますか？

松山：障害年金の申請が下りると、それ自体が「生きる喜び」に変わります。これが、障害者の方の生活を変化させるのです。気持ちの面でもそうですね。たとえば、体調の悪い方が月10万円稼ぐのは大変ですが、障害基礎年金が出ればそれが月6万6000円くらいなので、3万円程度自分で稼げば10万円になります。3万円であれば、ちょっと働いてみようかなとなる。年金をもらいながら働くことで、家族や社会とのつながりができることは素晴らしいことです。

北村：女性にとって社労士で開業するメリット、デメリットはありますか？

松山：特に思ったことはありませんが、もしかしたら男性より女性のほうがちょっとしたきめ細かさがあるかもしれないですね。社長は男性が多いので、何か少し気配りするだけでも喜ばれます。ハンデに思ったことはありません。

北村：開業してよかったことを2、3点挙げてください。

松山：人の役に立てていることです。障害年金はもちろん、顧問先のお客様であっても、自分が得た知識で役に立てる喜びが一番大きいです。日々、大変だけど楽しい。新しい出会いや広がり、自分のやった分が結果として目に見える、自分のやったことが自分に跳ね返ってくる。自分がやりたいと思えることに素直にチャレンジできるということもありますね。

北村：今後の目標は何ですか？

松山：「障害年金といえば松山純子」と言われるくらいやっていきたい。

あとは、障害年金だけではなく、いろいろなことをやっている事務所なので、たとえば障害年金部門、助成金部門、顧問部門といった感じで、部門ごとのスタッフがそれぞれ成長してくれる事務所にしたいです。

◎北村の感想

障害年金を専門に取り組まれている松山先生のお話には感激しました。

特に、障害年金を受けることができるようになると、その障害者の方が積極的に社会と接点を持てるようになるという点です。働く意欲までもがわいてくるということは初めて知りました。

最近、精神疾患が増加している中で、障害年金は大きな力を発揮することを実感しました。

精神疾患の場合は大変なことも多いと思いますが、社会貢献という意味でも素晴らしいお仕事をされています。

女性でこれだけの活躍ができる社会保険労務士という仕事は、いろいろな可能性を秘めているのだと改めて思いました。

著者である北村庄吾が運営しているサイトです。2001年2月に立ち上げ、[redacted]在は月間アクセス数が3万件を越す業界屈指の人気サイトとなっています。[redacted]とくに、現役受験生が自らの日常を赤裸々につづる「受験生日記」、基本事[redacted]のおさらいに必須の「1日1問」などが好評です。

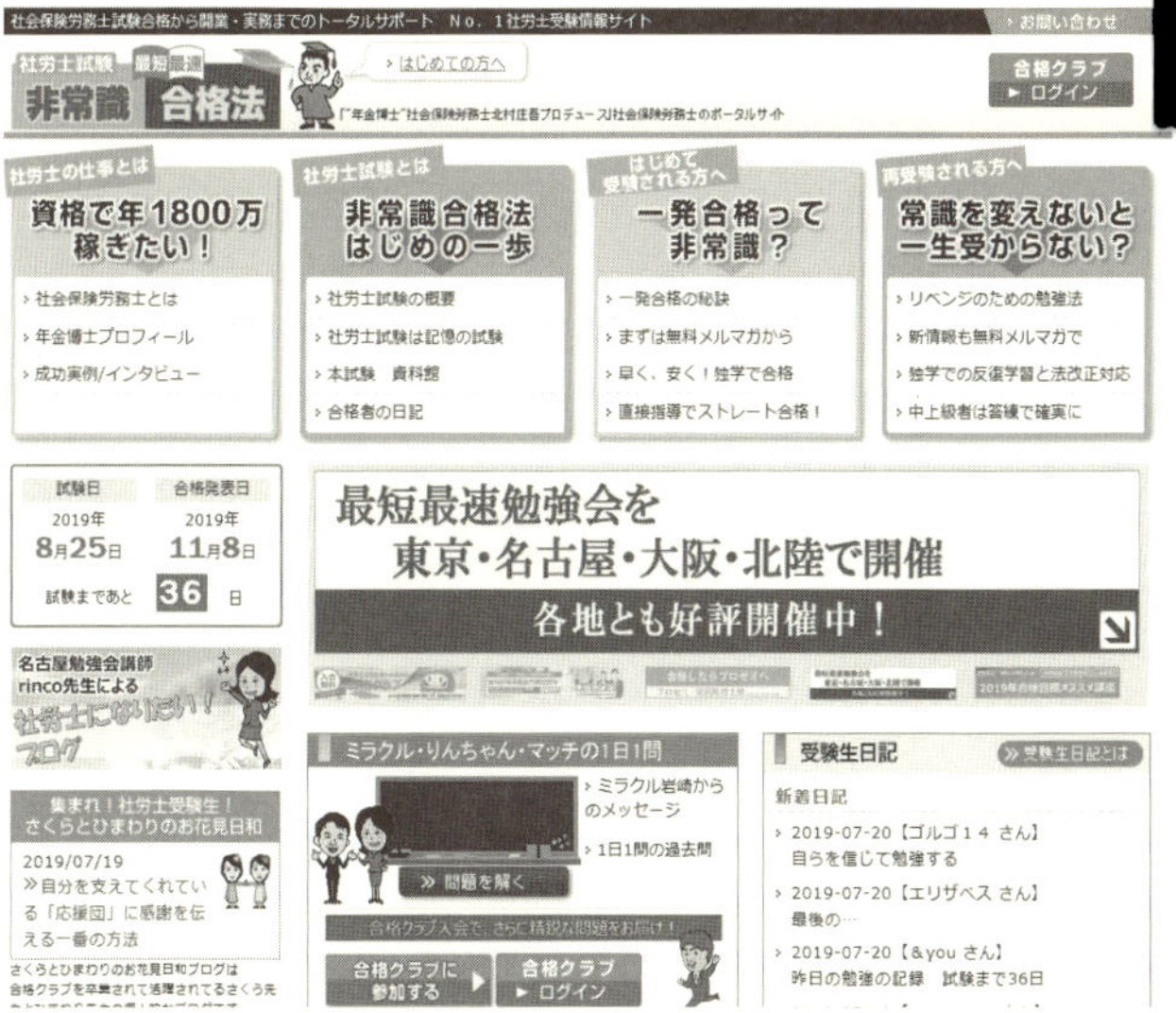

URL　http://www.saitan.jp/

【著者紹介】

北村 庄吾（きたむら・しょうご）

◎―BraiN、株式会社ブレインコンサルティングオフィス代表取締役。社会保険労務士・ファイナンシャルプランナー・行政書士。

◎―全国4000を超える社労士事務所が参加する日本最大の社労士ネットワーク（PSR）を主宰。社会保険労務士向けの実務セミナーやコンサル手法の指導も行

[redacted]をはじめとする実務セミナーは、わかりやすいと評判をよび、通算の
[redacted]回数は1000回を超える。著書は累計100万部を突破し、実用書
[redacted]や受験指導書等のヒット作も多数執筆。「年金博士」としてテレビ出
[redacted]を超える。

[redacted]現

[redacted]2019年7月時点のものです。

[redacted]項

社労士試験　最短最速！　非常識合格法

2013年 6 月27日　第1刷発行
2019年10月19日　第10刷発行

著　者　北村 庄吾
発行者　八谷 智範
発行所　株式会社すばる舎リンケージ
〒170-0013　東京都豊島区東池袋3-9-7 東池袋織本ビル1階
TEL 03-6907-7827
FAX 03-6907-7877
http://www.subarusya-linkage.jp
発売元　株式会社すばる舎
〒170-0013　東京都豊島区東池袋3-9-7 東池袋織本ビル
TEL 03-3981-8651（代表）
03-3981-0767（営業部直通）
振替00140-7-116563
印　刷　ベクトル印刷株式会社

乱丁・落丁本はお取り替えいたします。

ISBN978-4-7991-0264-0